KOLLHOFF

*ARCHITEKTUR*

ZU KLAMPEN

Reihe zu Klampen Essay
Herausgegeben von
Anne Hamilton

Hans Kollhoff,
Jahrgang 1946, gehört zu den profiliertesten Architekten weltweit. Er studierte von 1968 bis 1975 Architektur an der Universität Karlsruhe. Nach dem Diplom lehrte er an der Cornell University, New York. 1978 gründete er sein Büro in Berlin, das er seit 1984 in Partnerschaft mit Helga Timmermann unterhält. Von 1990 bis 2012 war er Professor für Architektur und Konstruktion an der ETH Zürich. Er hat Büros in Rotkreuz/ Schweiz, in Rotterdam und in Florenz etabliert und ist seit 2004 Präsident der Internationalen Bauakademie Berlin. Zuletzt sind von ihm erschienen »Das architektonische Argument« (2010, herausgegeben von Fritz Neumeyer) und »Architekturlehre« (2012).

HANS KOLLHOFF

# *Architektur*

Schein und Wirklichkeit

*zu Klampen* ESSAY

*Für Helga*

# *Inhalt*

# *Vorwort*

## Hausbau statt PR-Spektakel

Wer wissen will, warum allerorts rekonstruiert wird, sollte zur Kenntnis nehmen, wie es um unsere Architektur bestellt ist. Wenn Architektur das ist, was die Wertschätzung des Feuilletons oder der Hochglanzgazetten erfährt und dort seine Bildkraft unter Beweis stellen darf, wenn es das ist, was für preiswürdig gehalten wird in prestigeträchtigen Konkurrenzen, dem Pritzker-Preis oder dem BDA-Preis; oder wenn es gar das ist, womit die Banken, die Versicherungen, die Autokonzerne Aufmerksamkeit zu gewinnen trachten – wenn das also unsere Architektur sein soll, dann dürfte das Bedürfnis nach Rekonstruktion nichts weniger sein als die allzu verständliche Sehnsucht nach etwas, was man in all diesen Beispielen vergeblich sucht: einen Ort, der einem das Gefühl gibt, gut aufgehoben zu sein.

Denn die Kehrseite dieses marktschreierischen Architekturbildes ist ja die um sich greifende Zersiedlung der Landschaft mit Fertighäusern, die einander ebenso gleichen in ihrer kleinbürgerlichen Konventionalität wie die »Kunstobjekte« eines globalisierten Mainstream. Und weil weder die Fertighaussiedlungen auf Gemeinschaft aus sind noch die Aufmerksamkeitsarchitekturen, weil beide im

Grunde Gemeinschaft fliehen, um exklusives Glück und exklusiven Profit zu sichern, bringen sie keinen urbanen Raum mehr zustande. Sie symbolisieren Abwendung statt Zuwendung, und damit das Gegenteil von Stadt, einen Egoismus, der schmerzhaft die Erinnerung wachruft an Zeiten einer gemeinsamen gesellschaftlichen Anstrengung.

Es ist der Zwang zur Einzigartigkeit, der den Konsum beflügelt und der sich mit der Architektensehnsucht nach Genialität verbrüdert und damit abkoppelt vom Prinzip gesellschaftlicher Übereinkunft und vom Prozess architektonischer Erfahrung, also von Wertsetzungen, die sich nicht Einzelleistungen verdanken, sondern dem kollektiven Streben nach Verbesserung und Verfeinerung. Der Unternehmer habe sich um den Shareholder-Value zu kümmern und sonst gar nichts, gab mir kürzlich ein Banker zu verstehen, denn was darüber hinausgehe, sei Sache der Gesellschaft, sprich: der öffentlichen Hand. Aber was soll man von einer öffentlichen Hand halten, die Geld ausgibt für das Glasmonster der Europäischen Zentralbank in Frankfurt am Main, das in seiner Großspurigkeit nicht zu übertreffen ist?

Die heute entstehenden baulichen Absurditäten werden allzugern mit den verfügbaren technischen Möglichkeiten gerechtfertigt. Aber nicht alles, was technisch möglich ist, ergibt architektonisch Sinn, ja das meiste hat mit Architektur nicht im geringsten zu tun. Dieser schlichten Erkenntnis versucht man heute, nicht ohne Erfolg, abzuhelfen durch allerlei Augenwischerei in Sachen Nachhaltigkeit, Ökologie, »Green« Building. Warten wir's ab, wie die Bilanz der so überschwenglich zertifizierten Glaswunder über die Jahre aussehen wird, wenn die Neuvermietung nach den ersten fünf oder zehn Jahren ansteht, die Neuartigkeit verflogen ist und alles, was so einzigartig schien, in einer großen Melange aufgeht, die ihre Entstehungszeit nicht leugnen kann.

Technologischer Fortschritt ist eben etwas anderes als Zunahme an Lebensqualität. Ja bisweilen nimmt letztere in dem Maße zu, wie sie sich ersterem widersetzt. Jedem Begriff von Nachhaltigkeit hohnsprechend, dürfen die baulichen Machwerke ja heute nach der Abschreibungszeit ruhig zusammenbrechen. Für die wirtschaftliche Dynamik sei dies das beste. Nun haben die Menschen aber das Bedürfnis, auf dieser Erde etwas Bleibendes zustande zu bringen, etwas, das auch die Wertschätzung kommender Generationen erfährt. Das ist seit jeher der Antrieb für den Hausbau gewesen. Und eben das will uns heute nicht mehr gelingen im Rahmen eines globalisierten Denkens, das Profite erwirtschaften will, die denen des Finanzmarktes nicht nachstehen sollen. Weil das aber nur in aufstrebenden Volkswirtschaften mit wachsender Bevölkerung möglich erscheint, wird hierzulande der Standard heruntergeschraubt, bis das Elend durch alle Ritzen blickt. Und dann fangen die Menschen an, zu rekonstruieren und ihre Altstädte wiederaufzubauen. Wer wollte es ihnen verübeln?

An Strukturen, die im Generationenrhythmus entsorgt werden, kann sich keine Erinnerung knüpfen. Und auch mit der Gesichtslosigkeit abstrakter Kompositionen, wie sie der zeitgeistige Rationalismus hervorbringt, lassen sich nur mühsam emotionale Bindungen herstellen. Offenbar ist eine gewisse Komplexität innerhalb eines festen Rahmens von Regeln notwendig, um Wiedererkennbarkeit und Identifikation zu ermöglichen. Eben das war das Verdienst einer bürgerlichen Architektur, die bis ins frühe 20. Jahrhundert wirksam war: gesellschaftliche Konventionalität *und* Singularität gleichermaßen.

Wenn das »Ich« des kapitalistischen Wettbewerbs kein Korrektiv mehr findet in einer bewussten Gemeinsamkeit, wenn also die Masse kommerzieller Ausrufezeichen und standardisierter Rückzugsorte keine Stadtsubstanz mehr hergibt, ja dazu angetan ist, eine solche aufzulösen und zu zerstören, ist der Zeitpunkt vielleicht nicht allzufern, da sich die Prioritäten wieder zugunsten eines bürgerlichen Selbstverständnisses verschieben und Häuser wieder so beschaffen sein könnten, dass daraus ein großes Ganzes, eine Stadt erwachsen kann.

Solange nach althergebrachter Tradition gebaut wurde, hat man auch rekonstruiert. Ganz selbstverständlich wurde ein baufälliges Dach repariert oder so ersetzt, wie es war. Eine abgebrannte Kirche hat man ebenso wiedererrichtet, es sei denn, es gab

Bedarf und die Mittel für eine größere und selbstverständlich auch schönere Kirche. Und manchmal wurde dabei einem neuen Schönheitsideal nachgegeben, etwa im Italien des ausgehenden 13. Jahrhunderts, als man begann, in den Trümmern Roms eine Modernität zu entdecken, die der aufkeimenden Gotik bald den Rang ablief und als Wiedergeburt der Architektur, als Renaissance nicht nur zum dominanten Stil, sondern zum Prinzip der europäischen Architektur überhaupt avancierte.

Aufbauend auf dem typologischen und tektonischen Repertoire der römischen und hellenischen Antike, entwickelte sich ein ebenso komplexes wie elastisches Architektursystem, von der Florentiner Protorenaissance bis hin zur Rokokoarchitektur und darüber hinaus zum Klassizismus nördlich der Alpen. Ja, die Entwicklung brach erst nach dem Ersten Weltkrieg ab, nach Alfred Messel und Peter Behrens, und selbst in Mies van der Rohes Stahl- und Glasarchitektur lassen sich Spuren dieser auf die Antike zurückgehenden Baukunst verfolgen.

Natürlich war das einfache profane Bauen, das weiter zurückging und lokale Bautraditionen hervorgebracht hat, vor allem im ländlichen Raum nach wie vor dominierend. Es gehorchte ja ohnehin Prinzipien, denen auch die monumentale Architektur folgte, ganz unabhängig von der jeweiligen stilistischen Präferenz: Das Bauen auf der Parzelle, das Respektieren der Bauflucht, die Gliederung in Sockel, Wohngeschosse und Dach waren selbstverständlich, ob beim Stein-, Holz- oder Fachwerkbau. Der wesentliche Unterschied bestand im Grad der Verdichtung und Urbanisierung.

So wie die Nachbarn sich übertrumpfen wollten beim Hausbau, so haben sie sich auch gegenseitig beobachtet, um zu verhindern, dass ihrem Gemeinwesen Schaden zugefügt wird. Architektonische Qualität zeigte sich dabei als minimale Abweichung von der Norm. Ganz selbstverständlich haben auch die Architekten einander auf die Finger geschaut, und Kopieren war kein Sakrileg. Ganz im Gegenteil, es wurden Musterbücher vorgelegt, die zunächst der Masse anonymen Bauens zum Vorbild dienen sollten, die aber auch die Architektenschaft motiviert haben, ihr möglichstes zu geben. Heute scheint die Kopie als solche ein Problem zu sein. Man will es vorbildlos und »zeitgemäß«, obwohl man ein, zwei Generationen später deutlich erkennen wird, welcher Entstehungszeit die Replik ihr Dasein verdankt. Wozu die Aufregung, denn selbstverständlich begibt man sich beim Kopieren auf eigene Wege, die das Vorbild bald hinter sich lassen. Es wäre ein Trugschluss zu glauben, aus dem Nichts lasse sich Großes schöpfen. Es mag schon sein, dass wir dabei unversehens der Unzulänglichkeit unseres Beitrages gewahr werden und schockartig die Hoffnung fahren lassen, auf den gewohnten Pfaden weitergehen zu können, und uns stattdessen einer Zeit zuwenden, die es einmal besser gemacht hat, um dort anzuknüpfen und, im Rückgriff auf das

Alte, Neuland zu betreten. Die italienische Renaissance liefert dafür ein grandioses Beispiel. Aus einer vorbildlichen Architektur und ihrer Rekonstruktion heraus stabilen Boden für eine zukünftige Baukultur zu gewinnen, die diese Bezeichnung verdient, darin ist heute die Herausforderung zu sehen.

# *Die Stadt ist kein Mangelwesen*

WENN wir in alten Städten aus dem Wagen steigen und ganz selbstverständlich den Bürgersteig hinuntergehen – ja, es heißt heute immer noch Bürgersteig, obwohl der bürgerlichen Gesellschaft nach dem Kriege das Leben nicht eben leichtgemacht wurde, und dies nicht nur im Osten Deutschlands –, dann kommen wir in den Genuss einer der größten zivilisatorischen Leistungen der Menschheit.

Sie mögen lachen. Ich meine das tatsächlich ernst. Sind Sie jemals zu Fuß in Los Angeles unterwegs gewesen? Wenn Sie dort das Zentrum verlassen, sich am Straßenrand entlangbewegen müssen, um den Autos auszuweichen, kann es sein, dass spätestens nach zehn Minuten eine Polizeistreife anhält und fragt, was Sie hier tun. Dann werden Sie beginnen, mich zu verstehen.

Aber Sie müssen gar nicht so weit reisen: Bewegen Sie sich einmal in der sogenannten Agglomeration zwischen Zürich und Basel, so werden Sie ebenso vergeblich den Bürgersteig suchen wie in einer Plattensiedlung. Da war man in Pompeji schon weiter. Die Furchen von den Ochsenkarren in den Granitplatten können Sie heute noch sehen, und wenn Sie die Straße überqueren wollen von Bordsteinkante zu Bordsteinkante, schreiten Sie über Quader, die wie massive Zebrastreifen aus der Straße herausragen, freilich so, dass für Gespann und Räder eine Trasse ausgespart wurde. Dort, wo sich heute die Touristenmassen bewegen, konnte der Pompejaner flanieren, an Läden, Schenken und Bordellen vorbei, und die Häuser hatten eine Adresse, Straßennamen und Hausnummern.

Der Bürgersteig mit Bordsteinkante auf der einen und die Bauflucht auf der anderen Seite – diese Regel ist heute für Architekten und Städtebauer nicht mehr selbstverständlich. Dass es da einen Bereich gibt, der dem Fußgänger vorbehalten ist, entlang einer Hausreihe mit oder ohne Vorgarten, stets sauber getrennt vom Fahrverkehr (denn auch der Radfahrer hat hier nichts zu suchen) und breit genug, dass Menschen einander begegnen können, das beginnen wir vielleicht erst heute wieder zu schätzen – dank einer aufkommenden Sehnsucht danach, die Stadt nicht nur aus dem Auto wahrzunehmen.

Mir ist das wichtig, weil darin auch eine Trennung zwischen Architektur und Stadtbau angelegt ist – ich sage bewusst nicht Stadtplanung und auch nicht Städtebau, sondern Stadtbau –, ganz nach dem bewährten Prinzip, das bis in die 20er Jahre des vergangenen Jahrhunderts hinein wirksam war. Ein ausgesprochen leistungsfähiges Prinzip, demzufolge James Hobrecht im Berlin des 19. Jahrhunderts innerhalb atemraubend kurzer Zeit einen Ring neuer Stadtquartiere als Zentrumserweiterung ausbilden konnte, um dem Bevölkerungsansturm Rechnung zu tragen. Diese Strukturen lassen sich im eigentlichen Sinne als Stadt bezeichnen. Vielleicht nicht in der Art, wie es Camillo Sitte vorschwebte, aber immerhin so, wie es heute von Bewohnern und Besuchern im Prenzlauer Berg oder in Kreuzberg geschätzt wird – so dass sich dort ein wahrer Verdrängungsprozess abspielt, weil diese Stadtstrukturen inzwischen als attraktive Wohnquartiere erkannt werden, so geringschätzig sie auch seinerzeit betrachtet worden sein mögen. Denn das war keine Architektur. Das war reine Spekulantenangelegenheit. Die Protagonisten der Nachkriegsmoderne wollten deshalb alles abreißen, um ihre gleißenden Städte zu verwirklichen. In diesen Quartieren also funktioniert die Stadt auf wunderbare Weise wie eh und je.

Und was war Hobrechts Geheimnis? Er hat sich nicht für Architektur interessiert, sondern um die Infrastruktur gekümmert, um Straßen, Baufluchten und Bürgersteige, vor allen Dingen aber um die Abwassertechnologie. Er hat nämlich die Fäkalien nicht einfach in den Fluss, die Spree fließen lassen, wie man das seinerzeit noch in Paris und in London tat, sondern das sogenannte Radialsystem eingeführt, d. h., Straßen nach draußen bauen lassen und unter den Straßen die Kanalisation angeordnet. All das, was zur Infrastruktur gehörte – Elektrizität, Gas und Wasser –, wurde unter dem Bürgersteig verlegt, mit Granitplatten und Kleinpflaster abgedeckt, so dass zwecks Revision, Reparatur und Erweiterung immer wieder bequem heranzukommen ist und der öffentliche Raum dennoch nicht unansehnlich wird, wie das heute der Fall ist, wenn jeder seine Gerätschaften oberirdisch abstellt, wo und wie es ihm gerade passt. Nein, Hobrecht hat alles unterirdisch verstaut und darüber sauber seinen Bürgersteig gebaut, bis hinaus in die Randbezirke und Vororte. Die Abwässer wurden hinausgepumpt auf die Felder, und darauf wuchsen dann die berühmten heute wieder als Delikatesse gehandelten Teltower Rübchen.

Durch das Radialsystem wurden viele Grundstücke dieser parzellierten Blöcke schräg angeschnitten, es gab Ecken, die schwer zu bebauen waren. Aber ihre Größe hielt sich in Grenzen. Als Fußgänger konnte man die Blöcke bequem umrunden, ohne müde zu werden. Auf den Parzellen galt es, individuelle Häuser zu bauen, mehr oder weniger ambitionierte Häuser – bei Hobrecht eher weniger ambitionierte, aufgrund der Wohnungsnot und einer Bauindustrie, die schon vorwiegend auf Fertigteilproduktion zurückgreifen konnte. Dabei hat man sich jedoch nicht so unbeholfen angestellt wie beim Plattenbau, sondern mit einer handwerklichen Präzision und einem architektonischen Reichtum gearbeitet, der uns heute beeindruckt. Denn die tektonische Gliederung war eingegangen in die Produktion der Betonfertigteile, bis hin zur floralen Ornamentik. Deswegen ödet sie uns nicht an. Das haben freilich die

Flaneure des ausgehenden 19. Jahrhunderts, die an großbürgerliche Palast-Architektur gewöhnt waren, anders gesehen.

So also funktioniert Stadtbau, und wenn wir etwa in eine Stadt wie Görlitz kommen, erstaunt nicht nur, was sich dort in den vergangenen Jahrzehnten getan hat, sondern auch die Vielfalt, die möglich ist im Rahmen dieses althergebrachten Prinzips, das keiner hochtrabenden Neuerungen bedarf, um weiter bestehen und auf noch so fortschrittliche Ansprüche reagieren zu können:

Auf Parzellen werden Häuser errichtet. Ein Haus ist dabei eine Einheit – nicht nur als Investment, sondern auch als Repräsentation eines Bauherrn, der persönliche Interessen hat und die Verantwortung für ein Projekt, das einer bestimmten Funktion dienen soll, übernimmt. So entstehen Typologien, die unendlich variiert werden können. Doch das Entscheidende dabei ist die Adresse. Solange ein Haus an einer gewidmeten Straße liegt, eine Hausnummer hat und der Eingang sich schon von weitem zu erkennen gibt, um den Besucher zu leiten – er sich also nicht in einer Megastruktur wiederfindet, mit einem Schilderwald, der ihn noch 500 Meter weiterschickt, um den Treppenaufgang Y23 zu finden –, solange verdient dieses Objekt den Namen Haus. Eine Stadt ist nun mal aus Häusern gebaut und nicht aus Megastrukturen, denn die beschädigen sie.

Ein Haus zu bauen ist heute nicht ganz einfach, aber es kann gelingen, wenn man als Architekt sensibilisiert ist und hin und wieder auch die Überzeugungskraft und Hartnäckigkeit aufbringt gegenüber einer Bauherrschaft, die es natürlich immer groß und schnell und billig haben möchte und bei der man oft den Bauherrn als Person vergeblich sucht. Das Phänomen zeitgenössischen Investments, das eines Developers bedarf, der dem Shareholder-Value zu dienen hat und sonst gar nichts, ein Prinzip, das hinübergreift in unsere Finanzmarkt-Besonderheiten und in eine Ökonomie, die letztlich von Aufsichtsräten und Rating-Agenturen abhängig ist – das alles droht, die Stadt zu zerstören.

Es wundert mich, dass die offizielle Politik diese Strukturen erst heute in Frage zu stellen beginnt – aus der Not heraus, wie wir wissen – und dass nicht sehr viel früher auf ganz breiter Ebene Widerspruch laut geworden ist. Denn diese Vermarktungsprinzipien aus der Sphäre des Massenkonsums, nach denen immer alles neu zu sein hat, dieses Neue sich allerdings wenig später schon von seiner bedrückenden Konventionalität zeigt, richten sich gegen die urbane Qualität, die unsere europäischen Städte noch immer auszeichnet. Mehr noch: Sie richten sich gegen unsere Lebensqualität insgesamt, denn Stadt und Architektur sind alles andere als Konsumgüter.

Man könnte durch Görlitz gehen und sagen: »Es ist ja verdammt schön hier. Das einzige, was fehlt, sind junge Leute und Häuser, die auch unsere Zeit im Stadtbild erfahrbar machen. Freilich ohne dieses stumpfsinnige Kontrastprinzip.« Doch muss man in aller deprimierenden Deutlichkeit sagen: Görlitz ist so fantastisch, nicht nur weil es vom Krieg verschont wurde, sondern weil seit 50 oder 60 Jahren hier im Stadtzentrum nichts Neues mehr gebaut worden ist, die Stadt also nicht durch Planung ruiniert wurde, wie das in Westdeutschland die Regel war, so dass dieses Görlitz heute als Musterbeispiel dasteht für die Idee der europäischen Stadt.

Nach dem Prinzip der Trennung von Stadtbau und Architektur, Infrastruktur und Hausbau hätte man weiterbauen können, bis heute. Dabei stößt man hin und wieder an Grenzen, etwa bei der Frage der individuellen Größe der Gebäude. Aber die lässt sich ausloten. Ich glaube nicht einmal, dass die Gebäudehöhe das Entscheidende ist. Wenn wir nach Manhattan gehen, gibt es neben den Brownstones vierziggeschossige Hochhäuser, und die vertragen sich ganz fabelhaft miteinander. Es geht mir auch nicht darum, eine Gestaltungssatzung aufzustellen, und eine einmal festgelegte Traufhöhe zwanghaft durchzusetzen. Wesentlich ist vielmehr, dass die einzelnen Stadtbausteine nach dem Prinzip »Haus« funktionieren. Auch das Chrysler Building ist nach dieser Definition ein Haus. Klare Adresse, ein Haupteingang und eine plausible Erschließung – eben keine Megastruktur. Und das ist nicht eine Frage der Größe.

Das Prinzip Haus also, damit ließe sich weiterarbeiten im Stadtbau. Was nun in Frankfurt am

Main diskutiert wird im Rahmen der neugeplanten Altstadt, das ist ein Verzweiflungsakt. Dort wurde eine Megastruktur, nämlich das Technische Rathaus, jüngst abgerissen. Die Bürgerschaft hatte jahrzehntelang gegen diesen Bau opponiert. Die Mehrzahl derjenigen, die ihn schließlich zu Fall gebracht haben, waren noch gar nicht geboren, als er entstand. Man wollte dieses Monstrum ganz einfach nicht mehr, weil man wusste: Da hatte es diese Altstadt gegeben, von der Bilder zeugen, und hie und da stand noch ein Haus, das vom Krieg verschont geblieben oder wiederhergestellt worden war. Es ging auch nicht um die Wiederherstellung einer Fachwerkseligkeit, schließlich waren bereits im frühen 20. Jahrhundert reihenweise Fachwerkbauten abgerissen worden, um größeren Häusern Platz zu machen. Auch das gehört zum Prinzip des Stadtbaus, dass Häuser abgerissen werden können. Es muss durchaus nicht immer alles konserviert werden. Doch wenn ein neues Haus entsteht, dann muss es als solches in Erscheinung treten, und es darf in seiner Substanz nicht schlechter sein als das, was da vorher gestanden hat. Darüber hinaus muss es einen Beitrag leisten zum Kollektivgedächtnis der Stadt. Wenn ich etwas neu baue, habe ich mich auch mit dem auseinanderzusetzen, was vorher dort war. Das bedeutet keineswegs, dass ich wieder die gleiche alte Kiste hinstellen sollte. Doch es gilt unbedingt zu berücksichtigen, dass der neue Eingriff Teil eines Kontinuums baulicher, die Gesellschaft verkörpernder Ablagerung ist. Der Architekt Aldo Rossi hat das »Permanenz« genannt.

Zudem sollte, wer städtisch bauen will, noch einige Gepflogenheiten berücksichtigen: etwa eine klare Trennung zwischen öffentlichem Raum und privater Wohnung. Letztlich geht das bis hinein in die Materialisierung des Gebauten. Aus lauter Glashäusern werde ich keinen städtischen Raum schaffen können, der es erlaubt, sich einerseits zurückziehen zu können ins Private, und zwar auf diskrete Weise, und andererseits auf dem Bürgersteig spazierengehen zu können, um am öffentlichen Leben im Stadtraum zu partizipieren. Wir kommen hier also doch nicht um das Architektonische herum und gelangen zu der Einsicht, dass diese Form der Bürgerlichkeit nichts weniger darstellt als das konstitutive Prinzip der Stadt. Die Häuser sind ja nicht nur Nutzfläche und Rückzugsmöglichkeit, sondern der Bürger wendet sich mit seinem Haus auch der Öffentlichkeit zu, präsentiert sich ihr.

Das Haus, insbesondere dessen Gesicht, die Fassade, repräsentiert diesen Stadtbürger im Stadtbild. Aus der Addition solcher Hausindividuen, die in ihrer Physiognomie etwas vom Bauherrn verraten, entsteht also – wie an Görlitz zu sehen – ein vielfältiges, lebendiges Bild, ein Abbild der Gesellschaften, die an der Stadtstruktur mitgewirkt haben.

Wenn ich dieses Prinzip verlasse, indem ich wie in den 20er Jahren oder auch noch in den 50er Jahren des vergangenen Jahrhunderts Zeilenbau praktiziere, die Häuser alle mit ihrem Balkon nach Süden ausgerichtet und im Norden Küche, Bäder und Toiletten, dann schaut man einander nicht mehr in die Augen, sondern nur mehr auf den Rücken. Noch ungeselliger ist das schweizerische Prinzip des Terrassenhauses, in dem man sich gegenseitig auf der Schulter hockt, ohne einander zur Kenntnis nehmen zu wollen.

Welcher Art nun sollte die Kraft sein, die eine Stadt hervorbringt? Ich behaupte, die Stadt darf kein Mangelwesen sein. Aus noch so vielen zusammengekratzten Subventionen wird man keine Stadt schaffen, ja noch nicht einmal eine Stadt erhalten können. Womit man eine Stadt hervorbringen und am Leben erhalten kann, ist die Identifikation der Bürger mit ihrem Gemeinwesen. Nur wird dieser Begriff des Bürgers – ich spreche lieber von Bürgerlichkeit – bei uns in Deutschland immer noch mit der Kneifzange angefasst. Unsere mittlerweile bürgerlichste Partei, die der Grünen, die einst paradoxerweise einen vehementen Kampf gegen alles Bürgerliche führte, es sozusagen schon beerdigte, scheint heute wieder dort anknüpfen zu wollen. Es entstehen aus dieser neubürgerlichen Haltung heraus durchaus beispielhafte Projekte, die zur Hoffnung Anlass geben, dass sich wieder eine Form von Bauherrschaft begründen ließe, die am Stadtbau interessiert ist, also nicht nur Häuser kauft, sondern auch baut. In Berlin erleben wir das mit den sogenannten Baugruppen, die sich per Internet zusammenfinden und Mehrfamilienhäuser errichten, wie es im ausgehenden 19. Jahrhundert der Maurermeister praktiziert hat, nur dass jener im Piano Nobile wohnte und den Rest des Hauses vermietete, um im Alter davon zu leben.

Solche Initiativen erscheinen heute oft noch etwas unbeholfen, aber die Menschen fangen an wahrzunehmen, was sich in ihrer Umgebung verändert, wenn sie ein Haus bauen. Der Blick auf die Umgebung ist ein anderer, als wenn man nur zur Miete wohnt und nach ein paar Jahren wieder auszieht. Nehme ich Geld in die Hand, um eine Eigentumswohnung zu kaufen, mache ich mich in gewisser Weise sesshaft, richte mich für einen längeren Zeitraum ein. Vielleicht spiele ich sogar mit dem Gedanken, dass die Kinder dermaleinst darin wohnen könnten. Dieser Gedanke mag etwas altmodisch anmuten, ich glaube aber, so anachronistisch ist er nicht mehr. Wir sehen ja, dass die meisten dieser Baugruppen-Eigentümer Familien gründen und sich tatsächlich mit dem Ort identifizieren, genau beobachten, was auf der anderen Straßenseite vor sich geht, was links und rechts neben ihnen passiert. Wird da irgendwo gebuddelt, werden sie sich erkundigen, weshalb und von wem. Wohne ich hingegen zur Miete, frage ich nicht nach, weil ich annehme, dass schon alles seine Ordnung haben wird.

Aus Wohneigentum kann offenbar so etwas wie bürgerliches Engagement eher erwachsen. Auch wenn die ersten Beispiele solcher Gemeinschaftsprojekte, etwa am Friedrichswerder in Berlin, noch ziemlich chaotisch daherkommen, zu bunt, zu überladen, sollte man nicht mit einer Gestaltungssatzung dagegenhalten. Die Gestaltungssatzung ist wieder so ein obrigkeitliches Instrument; das brauchen wir nicht. Wir benötigen einfach etwas Geduld. Das nächste Projekt wird sicherlich schon besser. Und dann, nach ein, zwei Generationen, wird es auch den Architekten einfach zu blöd geworden sein, immer nur von einem Extrem ins nächste zu wechseln, eben weil die Bauherren Haus und Stadt nicht länger als Konsumgut begreifen. Und eines Tages wird es vielleicht wieder feinere Unterschiede geben, so, wie man dies in einer Stadt wie Görlitz beobachten kann. Ausschließlich in dieses Prinzip setze ich Hoffnung beim Bauen von Häusern und Stadtquartieren, aber auch beim Erhalten von Stadtstrukturen. Keine noch so geniale »Vision« wird hier helfen.

Deswegen irritiert es mich, wenn im Rahmen der städtebaulichen Planung zahllose Fördermechanismen, Programme, Richtlinien, Strategien usw. aufgelistet werden. Das kenne ich aus den 1960er Jahren. Ich weiß, dass daraus nichts Brauchbares entstanden ist. Ich weiß aber auch, dass damals in Kreuzberg bei der Hämer-IBA junge Leute zusammengekommen sind, um den Spekulanten den Zugang zu den Häusern zu verwehren und zu verhindern, dass im Zuge der »Stadtsanierung« die Dächer aufgerissen werden und damit die Bausubstanz ruiniert wird. Denn die alteingesessenen

Mieter hätte eine solche Stadtzerstörung, die lange Zeit als Glücksverheißung erschien, in die Großsiedlungen an den Stadtrand verbannt.

Das bürgerliche Engagement, das sich in den vergangenen Jahren in Stuttgart artikuliert hat, bedeutet für mich allerdings nur einen ersten Schritt: gegen etwas zu sein. Dort ist man zu Recht *gegen* etwas, nämlich *gegen* die Verscherbelung von Bahngrundstücken im großen Stil. Es wäre jedoch wichtig, diesen bürgerlichen Protest *für* etwas, *für* die Entwicklung von Stadt nutzbar zu machen – einer Stadt, in der man selbstverständlich wohnt, denn der Wohnsitz ist die primäre Voraussetzung für eine Identifikation mit der Stadt. Nach diesem traditionellen Prinzip vorzugehen und dabei heutigen Bedürfnissen Genüge zu tun, das ist die gesellschaftliche und architektonische Herausforderung. Die Häuser werden dann etwas anders aussehen als vor hundert Jahren, da wird etwas mehr Glas sein müssen, da wird man großzügige Terrassen und Loggien haben wollen und große Bäder und Küchen sowie alles, was den Komfort erhöht, wenn man es sich leisten kann. Aber das Prinzip ist das gleiche.

Ich hoffe, das klingt zuversichtlich, wenngleich junge Architekten nun vieles vergessen dürfen, was sie heute an der Hochschule lernen.

# *Wir und Ich*

## Zur architektonischen Autorschaft

*Durch soviel Formen geschritten,*
*durch Ich und Wir und Du,*
*doch alles blieb erlitten*
*durch die ewige Frage: wozu?*

*Das ist eine Kinderfrage.*
*Dir wurde erst spät bewußt,*
*es gibt nur eines: Ertrage – ob Sinn,*
*ob Sucht, ob Sage – dein fernbestimmtes: Du mußt.*

*Ob Rosen, ob Schnee, ob Meere,*
*was alles erblühte, verblich,*
*es gibt nur zwei Dinge: die Leere*
*und das gezeichnete Ich.*[1]

Es gibt wohl kein Gedicht, das meine Generation stärker berührt hat als dieses, »Nur zwei Dinge«, von Gottfried Benn aus dem Jahre 1953. Gottfried Benn, Arzt beim Militär und an der Potsdamer Straße, dem damaligen Berliner Vergnügungsviertel, verstand etwas von dem Thema, um das es mir hier

1 Gottfried Benn, Sämtliche Werke, Gedichte 1, Stuttgart 1986.

geht und das ich in unsere architektonische Realität lenken möchte. Dinge sind es nicht, die hier angesprochen werden. Die Leere als Ding dürfen wir der poetischen Anordnung zuschreiben, und das Ich als prekärer Gedanke, der sich gegen diese zu behaupten versucht, hat im Zuge rapider Fortschritte der Neurowissenschaft aufgehört, ein Ding zu sein. Es ist eine Simulation. Gleichwohl haben Architekten einen Markt zu bedienen, der nach der »Signatur« verlangt, nach dem »Ich«.

»Ich! Ich! Ich!« war vor kurzem ein bissiger Aufsatz des britischen Architekturkritikers Stephen Bayley betitelt.[2] Die Architekten stünden vor einem echten Problem. Sie würden nicht mehr gebraucht und machten nun aus verletztem Stolz, was sie wollen.

»Um den Frust wettzumachen, den sie beim Entwerfen von Gebäuden erdulden müssen, beschlossen die Promi-Architekten der Welt, sich selbst zu entwerfen. Koolhaas, Foster, Hadid, Gehry: Sie selbst sind ihre größten Kunstwerke.« Architektur sei heutzutage zu einem erstarrten Werbeslogan verkommen, und ihre Schöpfer verführen nach der Devise: Gib die Kontrolle ab, sorge stattdessen für Aufsehen, und du wirst berühmt sein.

Hauptsache, Eindruck machen – das scheint die allgegenwärtige Einstellung in unserer globalisier-

---

2 Stephen Bayley, Ich! Ich! Ich!, in: Süddeutsche Zeitung, Magazin, Heft 16/2009.

ten Welt zu sein, nicht nur die der Konsumenten chinesischer Massenware mit italienischem Modelabel, sondern auch die der Großkonzerne, die von unserer Zunft servil umworben werden – von BMW über Swiss Re bis zur Europäischen Zentralbank. Es entstehen Monumente der Finanzmarktkrise, die eine Zockermentalität verraten, der sich nicht zuletzt die Architekten anverwandelt haben. Das alleinige Prinzip der Gewinnmaximierung hat sich nicht nur für das Bankenwesen, sondern auch für die Realwirtschaft als schädlich herausgestellt. Das extrem kurzfristige Denken, fokussiert auf den Shareholder-Value, das hat die Krise gezeigt, bedarf der Rückkopplung nicht nur an die Realwirtschaft, sondern an die reale Lebenswelt. Die Finanzkrise dürfte eigentlich jedem vor Augen geführt haben, dass die Spekulation sich in allen Bereichen der Gesellschaft breitgemacht hat. In dem, was man einst Architektur nennen durfte, kommt das wohl am greifbarsten zum Ausdruck. So dürfte denn auch das Eskalieren von Renditeverfall und Identitätskrise, folgt man unserem Kollegen David Chipperfield, das Ende der Architektur mit dem »Wow-Faktor« bedeuten.

Nun ist das alles gar nicht so neu. Schon 1905 schreibt Hendrik Petrus Berlage in seinen »Gedanken über Stil«: »Die Menschheit hat als Gemeinschaft genommen kein Ideal mehr. Es ist an die Stelle der gemeinschaftlichen geistigen Interessen das persönliche Interesse getreten, und zwar rein materieller Natur, das Geld.«[3] Es muss uns nachdenklich machen, dass just zu jenem Zeitpunkt bürgerliche Konventionen versiegten und die Tradition architektonischen Schaffens, die noch Städte hervorzubringen wusste, im Jugendstil und im daraus erwachsenden Klassizismus ihr Leben aushauchte.

In der Zwischenzeit ist dieses ebenso dürftige wie auffällige Bauen zu einer wichtigen Profitquelle geworden und das einstmalige Haus zum Konsumgut, das es wie Gucci-Taschen unter die Leute zu bringen gilt. Dazu allerdings braucht man nicht Architekten, sondern Designer. Architekten erwiesen sich in diesem Prozess nur als Sand im Getriebe mit ihrem Anspruch, nützliche, dauerhafte und schöne Häuser zu bauen. Wenn sie denn dazu noch in der Lage wären, würde das den ganzen Betrieb blockieren. Nein, die allgegenwärtige Resignation der Architekten angesichts der Herausforderung, solide Häuser und Städte zu bauen, und ihre daraus resultierende Bereitschaft, Unvermögen mit Design zu kaschieren, ist die Voraussetzung für die Einschleusung der Architektur in den Konsumprozess. Das Design hat dabei die Funktion, immer schneller neue Hoffnungen zu wecken auf Besserung und Verschönerung – bei stets abnehmender Zuversicht, dem Produkt einen bleibenden Wert mit auf den Weg geben zu können.

---

3 Hendrik Petrus Berlage, Gedanken über Stil, Leipzig 1905.

Wo aller Halt verlorenging, sei immer noch gute Haltung möglich, sagt Peter Sloterdijk, »Design ist, wenn man trotzdem kann«. Dieses »Trotzdem« ist freilich ein anderes als das Loos'sche, es ist ihm entgegengesetzt. Während das Design angesichts traditioneller Handwerklichkeit kapituliert, verfolgte Loos eine moderne Architektur, die der Überlieferung standhält. Design sei dagegen nichts anderes als die »gekonnte Abwicklung des nicht Gekonnten«, mithin eine »Souveränitätssimulation«, die helfe, »in Form zu bleiben inmitten des Formzersetzenden«. In der Not greife auch der Teufel zum Farbeimer, spitzt Sloterdijk seine These zu und bringt als Beispiel die in den 1970er Jahren auf dem Flugplatz Athen abgestürzte Swissair-Maschine, deren hoch aufragendes Heck mit dem weißen Kreuz auf rotem Grund umgehend übermalt werden sollte. »Die Heckübermalung ist ein Beweis dafür«, so der Philosoph, »dass man immer noch etwas tun kann, wenn man nichts mehr tun kann.«[4]

Neben dem Designritual, in dem der frustrierte Zeitgenosse Zuflucht sucht, komme dem Design in der modernisierten Warenwelt, in der es keine stabilen Qualitäten mehr gebe, die Aufgabe zu, den Überbietungs- und Steigerungsmechanismus in Gang, den permanenten Verjüngungsprozess nach vorne offen zu halten. Darüber hinaus verspreche Design

4 Peter Sloterdijk, Der ästhetische Imperativ, in: Schriften zur Kunst, Hamburg 2007.

als angewandte Kunst der modernen Massengesellschaft dahingehend Hilfe, die richtige Balance zwischen dem Abbau und Aufbau von Illusionen zu finden: »Alle sollen Zugang zu Gewinner-Gefühlen haben.« Als massenhaftes »Self-Designing« sorge es »an seinem smarten Träger« für ein »hochaktuelles Kompetenzbündel aus Tempo, Information, Ironie, Geschmack«, freilich verbunden mit einer entsprechenden Rücksichtslosigkeit. »Die vormalige Avantgarde-Idee, das Leben des Einzelnen selbst zum Kunstwerk zu machen«, schreibt Sloterdijk, habe nun die Basis erreicht. »Was man Lifestyle nennt, ist der Durchbruch von Design auf der Ebene der Selbststilisierung und der Biographien.«[5]

Als gelte es den Beweis anzutreten für Sloterdijks forsche Thesen, geht der amerikanische Kulturtheoretiker Nicholas Mirzoeff noch einen Schritt weiter und verlangt in affirmativer Selbstsicherheit nach »architectural designs that work like images«. Um eine »science of architectural images« zu etablieren, liefert er eine Definition: »Visual culture is concerned with visual events in which information, meaning or pleasure is sought by the consumer in an interface with visual technology.« Das sollte man sich auf der Zunge zergehen lassen! »Just as every consumer today recognizes a Coca Cola bottle, every tourist can instantly identify Frank Gehrys Guggenheim-Museum in Bilbao (...). This

5 Ebenda.

museum costs 120 million US $ (...) an unparalleled investment in an image.« Das beweise einen wachsenden Bedarf für »highly visual architecture«, für das »signature building designed by a star architect«[6], um einem Ort, einer Firma oder einer politischen Institution eine gewisse Identität zu verleihen.

Das aber hat Architektur immer geleistet, selbstverständlich mit den ihr gegebenen Mitteln und diskreter, war sie doch in eine architektonische Tradition auf der Grundlage bürgerlicher Konventionen eingebunden. Wo will ich also heute stehen als Architekt? Will ich zum Produkt- und schließlich Imagedesigner werden oder spüre ich noch eine hinreichende Basis, diesen Beruf als Metier zu begreifen, als Disziplin, die mir innerhalb eines gesteckten Rahmens alle Freiheit erlaubt, den Ansprüchen unserer Zeit zu genügen? »Kunst ist statisch«, bemerkt Gottfried Benn in »Doppelleben«, »ihr Inhalt ist ein Ausgleichen zwischen Tradition und Originalität, zwischen Masse und Stützpunkt.«[7]

Das Entscheidende sei das Lebensgefühl einer Zeit, hört man allenthalben. Aber was ist das? Massenveranstaltungen? Einsamkeit? Oder beides gleichzeitig? Alles öffentlich und alles privat? Es gibt Dinge, die ändern sich von einer Minute zur ande-

6 Nicholas Mirzoeff, in: Andreas Ruby, Philip Ursprung, Ilka Ruby, Images: A Picture Book of Architecture, München 2004.

7 Gottfried Benn, Sämtliche Werke, Prosa 3, Stuttgart 1991.

ren, und solche, die sich über viele Generationen hinweg nicht ändern. Dem Zeitgeist einen Rahmen zu geben, ihm Freiräume zu verschaffen, aber gleichzeitig die Grenzen seiner hemmungslosen Entfaltung aufzuzeigen, das könnte eine architektonische Aufgabe sein. Stattdessen hat man die Architektur als Medium entdeckt und dabei vergessen, dass sie zunächst einmal ein Metier ist.

Natürlich empfindet jeder Architekt die Faszination des Mediums Architektur, aber die gestalterische Kraft muss von innen her rühren, und sie muss das Haus zum Ziel haben, nicht das Bild. Es kommt also auf die Prioritätensetzung an, darauf, ob Architektur in erster Linie eine Disziplin ist, die dann bei den sogenannten Stararchitekten zum Medium werden kann, oder ob das Design schon im ersten Semester ins Spiel gebracht wird, um entwerferischem Unsinn und baulichem Unvermögen Tür und Tor zu öffnen. Mit dem Begriff »Medium«, das muss uns klar sein, wende ich mich an das gelangweilte Publikum und nicht länger an den verantwortungsvollen Bürger.

Dass das Publikum der eigentliche Nivellierungsmeister sei, gab schon Søren Kierkegaard im Jahre 1844 zu verstehen: »(Es) ist alles und nichts, ist die gefährlichste aller Mächte und die nichtssagendste (...). Diese indolente Menge, die selber nichts versteht und selber nichts tun will, sucht nun einen Zeitvertreib, und gibt sich der Einbildung hin, dass alles, was einer tut, geschehe, damit es etwas zum

Schwätzen bekomme (...). Was ist das, Schwätzen? Es ist die Aufhebung der leidenschaftlichen Disjunktion zwischen Schweigen und Reden. Nur der, der wesentlich schweigen kann, kann wesentlich reden (...). Dem Geschwätz graut vor dem Augenblick der Stille, der die Leere offenbar machen würde (...). Durch dieses Schwätzen wird nun die Distinktion zwischen dem Privaten und dem Öffentlichen in einer privat-öffentlichen Schwatzhaftigkeit aufgehoben, die ungefähr dem entspricht, was das Publikum ist. Denn das Publikum ist die Öffentlichkeit, die sich für das Allerprivateste interessiert.«[8]

Haben wir noch einen Ruf zu verlieren, wir Architekten? Die Öffentlichkeit sieht längst in uns einen wilden Haufen von Egomanen, die in schwarzer Kluft und weißem Hemd mit offenem Kragen herumlaufen und groteske Dinge in die Welt setzen, die nach ein paar Jahren schon altmodisch herumstehen und sich meist als unbezahlbar und nicht selten als unbaubar erweisen. Doch zur Ironie der Geschichte gehört, dass eben diese Öffentlichkeit als Publikum sich von dem Spektakel, das die Architekten veranstalten, gerne unterhalten lässt. Das Konsumentendasein verlangt ganz offensichtlich nach dieser Architektenware in ihrer ganzen Minderwertigkeit.

---

8 Søren Kierkegaard, Kritik der Gegenwart/Der Pfahl im Fleisch, Wien 1988.

Natürlich waren das damals auch Egomanen, die Architekten der Renaissance! Aber wenn ich in der Halle von San Lorenzo stehe, sehe ich nichts von Brunelleschi, alles ist verallgemeinerbar und Allgemeingut geworden. Bei Giulio Romano ist dann schon alles Giulio Romano. Das ist das Schicksal der Manierismen bis hin zur Postmoderne. Auch die Neue Nationalgalerie in Berlin von Mies van der Rohe lässt in gewisser Weise den Architekten hinter sich, ebenso der Parthenon, der eben nicht die Leistung eines genialen Schöpfers ist, wie Le Corbusier uns in »Vers une architecture«, 1922, weismachen wollte: »Und wer hat die Zusammensetzung dieser Elemente erfunden? Ein Schöpfer-Genie (...). Es handelt sich um die reine persönliche Erfindung, so ganz persönlich, dass sie die Schöpfung des einen Mannes ist: Phidias ...«[9]

Aus eben diesem Grunde ist bei Le Corbusier alles »Corbu«. Ich möchte behaupten, Werke, die von Anfang an und geradezu ausschließlich vom vermeintlichen Genie ihrer Schöpfer getrieben sind, bleiben deren Eigentum auf alle Zeit. Sie schaffen es nicht, in das Repertoire des Architektonischen einzugehen. Mies interessiert das Ego nicht. Es werden Dutzende seiner Hochhäuser nach dem Seagram-Prinzip gebaut in Amerika, und er sitzt vor den Entwürfen und Modellen und kümmert sich, vor sich hin schweigend, um die Proportionen und die

---

9 Le Corbusier, Vers une architecture, Paris 1922.

Profilierung. Gleichwohl tragen diese Häuser bei zur großen Stadtauflösung, Stadtzerstörung. Das sei diesem großen Bürgerlichen verziehen, der den Niedergang des Bürgertums am Ende seines Schaffens wohl ahnen konnte, aber nicht mehr die Kraft hatte, dem Verfall etwas entgegenzusetzen.

Zerstört werden kann eine Stadt, ein Haus, eine Bibliothek oder eine Schule, das muss nicht einmal materiell passieren, es genügt, wenn das Selbstverständnis in Mitleidenschaft gezogen und leichtfertig aufs Spiel gesetzt wird. Als Berliner bin ich in dieser Hinsicht sensibilisiert. Ich weiß, was Zerstörung einer großen, sich materiell wie geistig manifestierenden Kultur bedeutet. Nicht zuletzt deshalb verhalte ich mich, dem Zeitgeist diametral entgegengesetzt, konservativ, was ja nichts anderes heißt als »bewahrend« und nicht etwa, wie viele meinen, »rückwärtsgewandt«. »Mitunter ist die Tradition Fortschritt genug«[10], bemerkt Joachim Fest in seinem Sizilientagebuch, eine Kultur könne nur ein begrenztes Maß an Fortschritt ertragen. In Zeiten beschleunigter Lebensbewegung komme es eher darauf an, das Hergebrachte zu erhalten, statt zu demolieren.

Norbert Elias schreibt schon 1939 in »Die Gesellschaft der Individuen«: »Die ganze Art, wie sich der Einzelne in seinen Beziehungen zu anderen selbst

---

10 Joachim Fest, Im Gegenlicht. Eine italienische Reise, Berlin 1988.

sieht und stellt, hängt von dem Aufbau jenes Menschenverbandes oder jener Verbände ab, von denen er ›Wir‹ zu sagen lernt (…). Der einzelne Mensch vermag nur ›Ich‹ zu sagen, weil und wenn er zugleich auch ›Wir‹ zu sagen vermag.« Der Aufstieg des Menschen sei nur in einer funktionierenden Gemeinschaft möglich gewesen, in der kulturelle Errungenschaften von Generation zu Generation weitergegeben wurden. »Ein solches Wir-Bild aber, das oft genug die Gestalt eines kürzeren oder längeren Prozesses besitzt, hat nicht nur eine individuelle, sondern zugleich auch eine recht gewichtige soziale Funktion. Es gibt dem einzelnen Menschen eine Vergangenheit weit über die persönliche, individuelle Vergangenheit hinaus, und es lässt zugleich etwas von den vergangenen Menschen in den jeweils gegenwärtigen weiterleben.«[11] Das Weiterleben einer vergangenen Epoche in der Erinnerung einer jeweils gegenwärtigen Gruppe verleihe dieser Erinnerung die Funktion eines kollektiven Gedächtnisses.

Der von Maurice Halbwachs geprägte Terminus des Kollektivgedächtnisses war für Aldo Rossi ein Schlüsselbegriff zum Verständnis der Architektur der Stadt. Die europäische Stadt ist physisch erfahrbares kollektives Gedächtnis, das von Architektengeneration zu Architektengeneration mehr oder weniger modifiziert und den Zeitströmungen ange-

11 Norbert Elias, Die Gesellschaft der Individuen in: Gesammelte Schriften, Band 10, Frankfurt am Main 2001.

passt wurde. Während in unserer Kultur das selbstverständliche Eingebundensein in die kollektive Erinnerung zusehends dem starren Blick in die Zukunft geopfert wird, ist in Japan, wenn auch nur in einer Art Parallelwelt, die alte Kultur noch lebendig, bei allem Untergangspathos, das aus den Beschreibungen Tanizaki Jun'ichirōs spricht: »Wie war das nun eigentlich? Gingen nicht die Erziehungsbestrebungen im Osten, im Unterschied zu denen im Westen, allgemein dahin, die Individualität so weit als möglich auszuschalten? (...) Die Maler nehmen sich als Individuum zurück und wollen in den Spuren ihrer Vorgänger wandeln (...). Der eigene Ruhm und Name spielt für sie keine Rolle, vielmehr finden sie ihre größte Befriedigung darin, das eigene Ich mit den Alten Meistern in Übereinstimmung zu bringen. Wenn von Anfang an das Ziel darin besteht, die Vollkommenheit der Alten Meister zu erreichen, und nicht, das Ich herauszustellen, dann ist der Name des Urhebers von keinerlei Bedeutung mehr.«[12]

In Jun'ichirōs »Lob der Meisterschaft« aus dem Jahr 1933 lesen wir: »Meisterschaft, das ist eben diese Patina, die sich bei langjährigem, unermüdlichem Polieren ergibt. Nicht, dass man mit ›dem Kopf versteht‹, sondern dass man ›vom Können her‹ in die Sache hineingeht, ist das Entscheidende.« In

12 Tanizaki Jun'ichirō, Liebe und Sinnlichkeit, München 2011.

seiner grenzenlosen asiatischen Höflichkeit fährt er fort: »Zwar behaupte ich nicht, es fehle westlich geprägten Künstlern an Enthusiasmus in bezug auf ihre Kunstausübung. Doch trifft man häufig auf Geltungssucht und Geldgier, und was ihre Bereitschaft angeht, ohne Rücksicht auf Ruhm und Einkommen, die Welt um sich herum vergessend, den Weg der Kunst einzuschlagen, reichen sie nicht an die Geinin, die Meister alter Schule, heran. Sie sind zwar unzweifelhaft klug, aufmerksam, konzentriert, unentwegt auf zeitgemäße Neuerungen erpicht, raffiniert, sie führen Diskussionen über verschiedene schwierige Probleme, um ihre Stellung zu wahren – mit einem Wort, sie sind smart.«[13]

Der Dichter Durs Grünbein schreibt in diesem Zusammenhang: »Ich spüre die Sehnsucht nach Kontaktaufnahme außerhalb meiner Zeit, weil ich die Zeitgenossenschaft als Gefängnis empfinde«.[14] Eine verständliche Reaktion in einer Epoche, die oft die Gegenwart zu verpassen scheint, um das Heil entgegen jeder Erfahrung in der Zukunft zu erhaschen. Ist man erst einmal in die Gesellschaft der Alten Meister geraten und fühlt man sich dort sogar aufgenommen und schließlich zu Hause, unter den eigenwilligen Gestalten, die ein Möbelstück oder ein Haus von Generation zu Generation weitergegeben und es geduldig poliert haben, die eigen-

---

13 Ders., Lob der Meisterschaft, München 2010.

14 Durs Grünbein, in: Welt am Sonntag vom 31. Juli 2011.

tümliche Patina hervorgeholt haben, dann beginnt man, es ihnen gleichzutun und nicht hinter dem einmal Erreichten zurückzubleiben. Schließlich spürt man, ganz unzeitgemäß, eine große Gelassenheit, die den Dingen – den vergangenen wie den zukünftigen – ihr Recht zubilligt und die das Ich im Wir aufgehen lässt.

Um Missverständnissen vorzubeugen: Nicht nur die ganz Großen stiften dieses Wir – Brunelleschi, Palladio, Schinkel, Sullivan, Loos, Mies –, sondern auch zahllose Unbekannte, deren Werk man eher zufällig zu Gesicht bekommen mag und das einen nicht eher ruhen lässt, bis man eine bestehende Herausforderung ebenso gemeistert oder das Frühere sogar übertroffen hat. Man geht fortan durch eine Stadt, nicht um gezielt jene Bauten aufzusuchen, die der Kunstführer nennt, sondern ist wach und offen für überraschende Momente gelungener, womöglich gar vollendeter Architektur. Aus welchem Jahrhundert diese stammen, spielt dabei keine Rolle. Modern ist, was mich heute bewegt.

Seit bald einem Jahrhundert muss sich das Neue nicht mehr bewähren gegenüber dem Alten und Konventionellen, um in das Repertoire unseres Metiers einzugehen. Es gilt als kunst- und schutzwürdig allein aufgrund seiner Neuartigkeit. Um seinen Erhalt kümmert sich, oft gegen jede architektonische Vernunft, die Denkmalpflege. Ja, die Denkmalpflege erliegt in weiten Teilen einer modernistischen Ideologie, indem sie den Kontrast zwischen dem Alten und dem Neuen fordert und gleichsam als denkmalpflegerisches Prinzip propagiert. Demgegenüber hat man bis vor 100 Jahren, mancherorts auch bis vor 50 Jahren weitergebaut, umgebaut und hin und wieder auch abgerissen und neu gebaut, und das häufig nicht nur größer, sondern auch besser und schöner. Nur so ließ sich Abriss rechtfertigen. Seit der Architekt sich aber als Erfinder und Künstler versteht, ist dieses entspannte Weiterbauen als Prinzip außer Kraft gesetzt und mit ihm die Gepflogenheit des Weitergebens und Aufgreifens von Erfahrungen, die sich zu einer Konvention des Bauens verdichten.

Während von Metier keiner mehr zu sprechen wagt, taucht das, was unser Metier einmal ausgemacht hat, an anderer Stelle als Spezialistentum auf und ruft allerlei Berater, Gutachter- und Controlling-Berufe auf den Plan, die freilich keine Verantwortung übernehmen, weder für die Gestaltung noch für die Konstruktion. Die Verantwortung bleibt beim Architekten, der jedoch längst die Kontrolle über sein Werk aus der Hand gegeben hat. Kein Wunder, dass Berufskollegen, denen das ganze Metier der Architektur zu komplex und zu schwerfällig geworden ist, sich als Spezialisten andienen. Wenn sich dann auch noch die Ingenieure bemühen, den Architekten das Feld streitig zu machen, indem sie als Ausführungsspezialisten auftreten, die Normen, Zeit und Geld im Griff haben, sehen wir uns zu »Entwurfsarchitekten« degradiert, die vorwiegend für die Schaffung visueller Anreize zuständig sind, ohne die der Vermarktungsapparat wohl nicht auskommt. Und natürlich tun einige Architekten ihrerseits ein übriges, als »Stararchitekten« sogenannte Signature Buildings zu entwerfen und den Beruf vollends zu diskreditieren.

Doch der Architekt ist nicht nur und nicht einmal primär Künstler, wenngleich er vom globalen Spekulantentum in diese Ecke gedrängt wird und manche Kollegen sich dort ganz wohl fühlen. Soll er die Verhältnisse nur abbilden, wie sie sind, mehr oder weniger forciert künstlerisch? Oder soll er eingreifen, um sie ins Bessere zu wenden? Wenn von der Moderne heute noch etwas Gültigkeit beanspruchen darf, dann doch wohl dieses Credo, von seinem revolutionären Ballast befreit. Wenn es da eine Solidarität unter uns Architekten gäbe, wäre unser Metier nicht in diesem beklagenswerten Zustand. Wenn dagegen jeder Versuch, die Messlatte höher zu legen und auch einmal Widerstand zu leisten, von der Konkurrenz als willkommene Chance begriffen wird, leichter Hand Marktanteile zu gewinnen, muss man sich über den Zustand des Berufes nicht wundern.

Wie lange noch wollen wir gute Miene zum bösen Spiel machen angesichts der Produkte, die der Baumarkt liefert, Produkte, deren Tauglichkeit über den Gewährleistungszeitraum von drei bis fünf Jahren hinaus nicht nachgewiesen ist, obwohl sie das grüne Nachhaltigkeitssiegel tragen. Diese marktgetriebene Hyperventilation propagiert mit einem gigantischen PR-Aufwand unter Verwendung exzentrischer Architekturbilder schon das Nachfolgeprodukt, noch bevor sich die Mangelhaftigkeit des vorangegangenen zum Skandal ausgeweitet hat.

Glauben wir wirklich, dass in unserer Zeit auf Dinge, die Bestand haben, sich bewährt haben, und auf die Art und Weise, wie etwas gut gemacht wird, verzichtet werden kann? Sind wir wirklich der Meinung, dass jeder seiner eigenen Intuition, seinen Einfällen folgen sollte, je genialischer, desto besser, ohne dabei einen Blick zurückzuwerfen und ohne sich messen zu lassen an bereits Vorhandenem? Weshalb sollte es uns verwehrt sein, wird man einwenden, das Haus und die Stadt wie ein künstlerisches Objekt zu betrachten, wenn die Technik zur Verfügung steht und uns der Markt recht gibt? Ist unser Berufsstand wirklich schon so resigniert, um nicht zu sagen opportunistisch, dass er sich damit begnügt, die Verhältnisse zu dokumentieren und ihnen nur mehr einen künstlerischen Anstrich zu verpassen?

Gilt es nicht vielmehr dort anzuknüpfen, wo es noch so etwas wie ein Metier, eine Verbindlichkeit, Architektur zu denken und zu bauen, gegeben hat, anstatt jeden Rückblick zu diskreditieren als »finto antico«, wie die Italiener zu sagen belieben? Der Versuch der Postmoderne, die Überlieferung ins Feld zu führen gegen eine ermattete, lieblose und bisweilen menschenfeindliche Moderne, kam bedauerlicherweise über gebaute Images nicht hinweg. Zu früh ging ihren Vertretern die Luft aus. Der nächste Schritt wäre wesenhafte Aneignung gewesen und ein unmittelbares Aufscheinen des Neuen im Alten: Renaissance.

Könnte es nicht sein, dass vor 500 Jahren etwas in Erinnerung gerufen wurde, sich plötzlich als brennend aktuell zeigte, was 1000 Jahre zuvor schon einen Höhepunkt erreicht hatte, an dem wir nicht vorbeikommen? Lässt sich heute eine Architektur ignorieren, die, im Zuge der Renaissance entstanden, bis weit ins vergangene Jahrhundert hinein wirksam war?

Das Diplom in unserem Fach wurde abgeschafft, die Studenten absolvieren heute ihren »Master«. Sie sollten dann etwas gemeistert, zur Meisterschaft gebracht haben, den Handwerksberufen durchaus vergleichbar. Sie sollten, mit einem Wort, ihr Metier beherrschen. Was ist dieses Metier anderes als ein Bündel von Erfahrungen, zu denen freilich auch unsere persönlichen gehören, aber vor allem die, die vergangene Generationen gemacht und uns zur Verfügung gestellt haben als Konvolut von Regeln, wie Architektur zu betreiben sei? Natürlich sollte Tradition fortgeschrieben werden, aber dazu müsste aus jüngerer Vergangenheit erst einmal etwas dasein, was für künftige Generationen fortschreibungsfähig wäre.

Das ist es doch wohl, was wir weitergeben könnten als Lehrer, über unsere individuellen Präferenzen hinaus: ein Metier, ob wir das nun vermittelt bekommen oder uns selbst angeeignet haben. Vielleicht zehren wir noch von den Resten eines ehemals festgefügten Erfahrungsschatzes und machen uns an die Erweiterung und Verbesserung des Repertoires, den Erfordernissen unserer Zeit entsprechend. Und vielleicht war das schon immer so – mit einer Einschränkung, und die ist existentiell für unseren Beruf: Das Handwerk wird zusehends aus dem Bauen verdrängt, und damit wird auch auf der Seite der physischen Produktion von Architektur ein Qualitätsverlust in Kauf genommen, der die ohnehin beklagenswerte Situation noch dramatisch verschärft. – Der ungelernte Hilfsarbeiter, der mit seiner Fuchsschwanzsäge auf dem Gerüst Styroporblöcke zerteilt, anklebt, überspachtelt und damit den Stukkateur ersetzt, mag als abschreckendes Bild genügen.

Was also macht der Student, wenn er nach dem Studium mit einer deprimierenden Wirklichkeit konfrontiert wird, der er sich glaubt anpassen zu müssen? Unsere Elite ruft nach Spektakulärem, jene Elite, die im Schlaf Geld verdient, in New York, London und Zürich. Und die hat keine Geduld, sich mit einem Architekten herumzuquälen, die will es sofort und geil. Auf diese Weise entstehen keine Häuser mehr, sondern skurrile Artefakte, aufgehäufte Glaskuben etwa oder Pyramiden, geknickte und schräge Hochhäuser, überall auf der Welt. Das nennt sich Globalisierung. Was ist das für eine Krankheit, die unsere großen alten Städte heimsucht?

Hamburg braucht als neues Wahrzeichen eine Philharmonie auf einem alten Backsteinspeicher, Sevilla eine »Wolke« aus Holz, und überall fängt man daraufhin an, Wolken zu bauen. Nun wäre es vermessen zu glauben, man könnte mit Architektur einen gesellschaftlichen Megatrend, wie es heute heißt, aufhalten oder ihm auch nur gegensteuern. Aber es lassen sich Zeichen setzen. Man kann beweisen, dass möglich ist, was vermeintlich nicht mehr gehen soll, ja eigentlich gar nicht mehr gehen darf. Die Sorge um das, was sein soll, ist allerdings nur dann anerkennenswert, wenn sie die Achtung vor dem, was ist, unter Beweis gestellt hat (Ortega y Gasset). Damit kann man andere ermutigen, für sich Konsequenzen zu ziehen. Und man darf die Hoffnung hegen, dass der trägen Gesellschaft eines Tages dann doch ein Licht aufgeht. »Schließlich gibt es anstelle von Utopie ihr Gegenteil, das Vorbildliche« (Botho Strauß).[15]

Mit der Resignation vor den Herausforderungen der Stadtentwicklung und der gleichzeitigen Euphorie darüber, Häuser wie Autos produzieren zu können, nahm das ganze Debakel seinen Anfang. Immer noch suchen wir die Menschheit zu beglücken mit unseren Erfindungen und Einfällen, die sich in immer kürzeren Abständen als untauglich er-

15 Botho Strauß, Vom Aufenthalt, München 2007.

weisen, je schriller, desto ärgerlicher. Dabei sind heute die alten Stadtzentren, sofern sie nicht durch Kriege zerstört wurden oder durch die sogenannte Stadtsanierung der 1970er Jahre, meist Oasen der Sauberkeit und Ruhe. Ganz ohne Planung war eine städtebauliche Reform in Gang gekommen, deren durchschlagender Erfolg die Voraussetzung dafür geschaffen hat, ganz entspannt an der Stadt weiterbauen zu können. Der Fortschritt kann, wie wir von Schillers »Wilhelm Tell« wissen, im Bewahren liegen. In der stolzen Verteidigung des Alten gewinne Tell seine Zukunft, schreibt Rüdiger Safranski.[16] Stattdessen verschanzen wir uns als Architekturschule auf dem Zürcher Hönggerberg. Wir haben die Stadt, wie in den 1920er Jahren, aufgegeben als Betätigungsfeld. Wir gründen eine »Science City«, anstatt die Studenten dort arbeiten zu lassen, wo sie sehen und am eigenen Leib erfahren können, welch großartige kulturelle Leistung eine Stadt darstellen kann. Anstatt dieses kleine Werkstattgebäude, in dem wir gearbeitet haben, weiter anzumieten, zieht man es vor, nach Oerlikon zu gehen, in ehemalige Maschinenhallen mit viel Platz, aber ohne jegliche Ausstrahlung, ohne Urbanität. Und dann wundert man sich, wenn die Studenten nur diesen Wildwuchs produzieren können, den sie dort wohl eher unterbewusst erleben, dieses Phänomen der Agglo-

16 Rüdiger Safranski, Schiller: oder die Erfindung des Deutschen Idealismus, München 2004.

meration, die ohne Anfang und Ende durch die Schweiz wabert, ein mit Naturschönheit im Überfluss ausgestattetes Paradies mitten in Europa.

Unsere Aufgabe an der Hochschule besteht nicht darin, Fachidioten, die man möglichst schnell in den Produktionsprozess einschleusen kann, heranzuziehen, sondern denkende Bürger, die sich ihrer gesellschaftlichen Möglichkeiten und Bindungen bewusst sind und aus diesem Bewusstsein heraus Häuser und Städte bauen. Bevor einer Architekt werden kann, muss er Bürger sein. Er kann sich nicht damit zufriedengeben, wie die Dinge sind. Vielmehr muss er mit dem Hausbau ein Beispiel dafür abliefern, in guter stadtbürgerlicher Tradition, wie die Dinge sein sollten. Dies umso mehr, als traditionelle Verbindlichkeiten sich auflösen, zur Geschmackssache werden und dem schlechten Geschmack, wie Rüdiger Safranski konstatiert, ein gutes Gewissen verschaffen.

Nicht selten habe ich das Gefühl, dass das, was mich in Zürich über den Betonbrutalismus und den Hochregalrationalismus hinwegtrösten kann, die opulenten Sträuße in der Kronenhalle sind – am 27. Januar 2012 etwa, dem Tag, an dem ich begann, über diesen Aufsatz nachzudenken, Mimosen, Goldregen und gelbe Lilien! Dort steht auch der Leitspruch für unsere Zunft: »Niederreißen will nichts heißen, aber Bauen! Heil dem Mann, der den weiten Bau der Zeiten untern Dachstuhl bringen kann.«

# *Wie wir unsere Städte ruiniert haben*

NATÜRLICH ist der Unterricht im Zeichnen und Malen, wie sich das seinerzeit in der Volksschule nannte, von unschätzbarer Bedeutung gewesen, das Zeichnen von Gräsern mit dem Bleistift in unterschiedlichen Härtegraden oder der Tuschfeder, schwarz auf weißem Papier oder weiß auf schwarzem Karton, und dann das Malen von Herbstblättern, mit Farbstiften und später Aquarellfarben. Was für eine Komplexität der Lernerfahrungen in diesen Übungen der Erstklässler! Gleichzeitig sehen lernen, an die Wunder der Natur herangeführt werden, an Dinge, die auf den ersten Blick alle gleich aussehen und allmählich ihre Eigenart offenbaren – ja, sehen lernen beim Nachzeichnen der Kontur und beim Wiedergeben der Farbigkeit und damit eine Ahnung bekommen von der Wucht der Schöpfung in ihren fragilsten Hervorbringungen, Ehrfurcht und Demut verspüren bei der Aneignung der Welt. Der Welt, beileibe nicht nur der Natur.

Dieser frühe Unterricht im Zeichnen und Malen war eben ganz bewusst kein Kunstunterricht, denn der hat etwas mit Können zu tun. Den Begriff der Kunst sollte man mit Bedacht wählen, um ihn wieder als Prädikat für gelungene Arbeit und Meisterschaft in sein Recht zu setzen. Das gutgemeinte Training von »Kreativität«, das mit dem Bauhaus einsetzte und das sich dann in den Schulen breitmachte als billige Strategie der Lebenshilfe, die auch von künstlerisch ganz unbegabten und desinteressierten Lehrern verabreicht werden konnte, das können wir uns in Zeiten, wo alles Kunst ist, ersparen. Ich behaupte, gerade weil jedem Humbug die Kunstwürde zugesprochen wird, nachdem wir alle Täler durchschritten haben von der Abstraktion zum Pop, zum Happening und inzwischen wieder bei der Figuration und der altmeisterlichen Malerei gelandet sind, können wir den Begriff der Kunst und des Künstlerischen gar nicht restriktiv genug verwenden.

In der Grundschule, die ja inzwischen auch nicht mehr überall so heißt, sollte man sich hüten, Kunst zu lehren. Stattdessen gälte es, die sinnliche Aneignung der Welt und damit auch die Sublimierung der Eingriffe des Menschen in die Schöpfung zu vermitteln. Das heißt vor allem auch den Aufbau einer Wertschätzung der zivilisatorischen und kulturellen Leistungen menschlicher Geisteskraft und Handfertigkeit. Dabei wird man einer modernen Kunstrezeption misstrauisch begegnen müssen, die dem Neuen primär seiner Andersartigkeit wegen Bewunderung entgegenbringt und nicht unbedingt seiner künstlerischen Vollendung wegen. Das vermeintlich nie Dagewesene (und deshalb allzuoft Absurde) droht in der Regel das Bewährte und Überlegene zu degradieren.

Die Moderne droht am Geniekult, den sie ins Leben gerufen hat und der von einem Markt, der jegliche Bodenhaftung verloren hat, missbraucht worden ist, zu ersticken. Was fehlt, ist die Bereitschaft, hin und wieder zurückzublicken und unsere gegenwärtigen Schöpfungen zu vergleichen mit denen vergangener Generationen, um dabei zu erkennen, dass die abendländische Kunst nicht aus einer Abfolge künstlerischer Genies hervorgegangen ist, sondern aus dem generationenübergreifenden geduldigen Weitergeben von Erfahrungen, der stetigen Verfeinerung.

Nirgends lässt sich das so eindrücklich nachvollziehen wie in der Architektur und im Stadtbau, um nun zu dem Fach zu kommen, von dem ich etwas verstehe und das ich unbedingt für den Schulunterricht empfehlen würde, kann es doch bruchlos aus dem Zeichnen und Malen hervorgehen und braucht wie jenes keine Künstler als Lehrer, sondern neugierige Zeitgenossen mit einer Begeisterung für die sinnliche Erfassung der Welt. Mit offenen Augen durch die Welt gehen und sich eigene Gedanken machen – so einfach ist es, wenn man zusätzlich noch ein wenig Bereitschaft mitbringt, nachzuempfinden, was uns vergangene Generationen überlassen haben.

Unternehmen wir einen Spaziergang, wie ich das zu Beginn jedes neuen Semesters mit meinen Studenten praktiziere, einen Stadtspaziergang: Was ein Gehweg und eine Bordsteinkante bedeuten, ja welche kulturelle Leistung diese darstellen, habe ich bereits im Zusammenhang mit den Hobrecht'schen Planungen für Berlin im 19. Jahrhundert ausgeführt. Zu jener Zeit wurde das Prinzip von Straße, Gehweg, Bauflucht zum eigentlichen Instrument des Stadtbaus. Dabei haben wir es mit einem raffinierten System der städtischen Infrastruktur zu tun, dessen Dauerhaftigkeit sich im Material Granit ausdrückt und geradezu zelebriert wird. Große Granitplatten, ca. 100 × 80 cm, wurden auch für den eigentlichen Gehweg verwendet. Entlang der Bauflucht gab es einen Streifen mit kleinerem Mosaikpflaster, meist aus schwarzem Basalt, um den Gehweg den Abweichungen von der geometrisch präzisen Bauflucht anzupassen. Dort springt ja die Gebäudekante geringfügig vor und zurück, Antritte der Hauseingänge schieben sich ein wenig in den Gehweg, Hofeinfahrten sind zurückgesetzt.

Freilich bekommen wir diese idealtypische Situation nur noch in Altstadtquartieren zu Gesicht. Heute ist das Pflaster meist überzogen oder ersetzt worden durch eine Asphaltdecke, und die Gehwegplatten, die ständig entfernt und wieder verlegt werden müssen, weil darunter die Leitungstrassen für Strom, Gas, Telefon usw. liegen, sind meist aus »Kunststein«, also Beton. Auch die Bordsteinkante ist aus Beton, und an ihrem Rand werden in Abständen Blechschränke auf Betonsockeln aufgestellt, Schaltkästen für Verkabelungen aller Art. Das alles trägt nicht zur Verschönerung des öffentlichen Raumes bei, doch die Prioritäten unserer Gesellschaft werden dabei sehr deutlich. Unsere Ansprüche an die Infrastruktur steigen stetig, zugleich sind wir aber immer weniger in der Lage oder auch willens, den Preis für ein Erscheinungsbild zu zahlen, das der Qualität des überlieferten Stadtraumes angemessen wäre. Dem Auge und damit unserer leiblichen Empfindsamkeit ist das längst kein Ärgernis mehr, und wir beginnen wehmütig jener Zeit zu gedenken, als es eine Lust war, dieses urbane Infrastruktursystem einfach voraussetzend, langsamen Schrittes die Schaufensterauslagen zu bewundern und ohne Absicht oder Ziel das geschäftige Treiben zu beobachten. Flanieren nannte man das. Dafür fehlt uns heute nicht nur das Sensorium, sondern auch die Wertschätzung. Doch wir haben anderes im Blick, auf das es ankommt: Wir legen die Bordsteinkante tiefer für Rollstuhlfahrer, und wir tauschen das Pflaster und die Gehwegplatten aus, um Blinden die Bewegung durch die Stadt ohne fremde Hilfe zu ermöglichen. Muss das aber mit grob verlegten Betonfertigteilen geschehen und mit geriffelten Platten, gern mit Gummi- oder Plastikoberfläche?

Die ästhetische Ahnungslosigkeit setzt sich bei der Gestaltung der Fassaden fort. Man betrachte nur einmal die Kante, an der die Häuser aus dem Gehweg kommen oder auf ihm zu stehen scheinen, und vergleiche das, was bis in die 50er Jahre gebaut wurde, mit dem heute Üblichen. Dort der Sockel des Hauses, der aus Stein oder Zementputz in kubischer Geschlossenheit Solidität verspricht, und hier das fragil, meist notdürftig montierte Konglomerat aus Materialien, die nicht so recht zusammenkommen, nichts voneinander wissen wollen und zu allem Überfluss eine Handbreit über dem Pflaster aufhören, weil die Konstruktion hinterlüftet ist und der billige Stein nicht feucht werden darf. All das kann man schon in Baukonstruktionsbüchern nachlesen, und es entfaltet, losgelöst vom Erscheinungsbild, gleichsam gegen die Architektur, seine zweckrationale Logik, abgesichert durch europaweite Normen und bekräftigt durch einschlägige Rechtsprechung. Wenn man hinauswandert in die Vororte, die noch bis ins frühe 20. Jahrhundert von einer ungeheuren urbanen Kraft waren, mit ihren Sandsteinbalustraden und gusseisernen Gartentoren, wird man feststellen, wie die Vorgärten zusehends »umgewidmet« werden in vermietbare Parkplätze. Es bleibt einem nur, wehmütig zuzusehen, wie die stolze Wohnlichkeit dieser Stadtquartiere sich ins Banale wendet. Vielleicht wird dem einen oder anderen irgendwann dämmern, dass er die Trostlosigkeit dieser schleichenden Verslumung mitverantwortet, wenn er die Restbestände einer großen städtischen Kultur missachtet, sorglos den Kaugummi ausspuckt und die Coladose wegwirft, die dann in den Lüftungsschlitz der modernen Hausfassade rollt.

Was war einst ein Vorgarten? Ein Ort des diskreten Übergangs vom öffentlichen zum privaten Raum. Einladende Geste und Wahrung der Distanz gleichermaßen. Er verriet viel über das Haus und seine

Bewohner. Er konnte einem repräsentativen Auftritt ebenso dienen wie dem Rückzug in die Anonymität. Er konnte verspielt sein, mit Blumenrabatten und Sträuchern, oder sachlich, mit englischem Rasen und geschnittenen Hecken. Nach dem Verschwinden der Vorgärten in unseren Wohnquartieren und Dörfern erst beginnen wir zu ahnen, was mit unserem Ansinnen, bequem den Fuß vor der Haustür ins Auto setzen zu wollen, an sinnlich erfahrbarem Reichtum preisgegeben wird. Die Bäume, Sträucher und Blumenbeete, die einst unsere Vorgärten zierten, galten nicht einfach nur als Biomasse, funktionales »Grün«. Nicht Quantität zählte, sondern Qualität: Es ging um Garten, Park und Allee, eine Typologie also, die das biblische Recht des Menschen, sich die Erde untertan zu machen, aufs Schönste feiert. Der aufmerksame Betrachter beginnt, morphologisch zu denken, entdeckt Gestalten, die im Kontinuum des Formwandels aufragen. Morphologische Wahrnehmung, die Fähigkeit, Fixpunkte zu erkennen im Fluss der Formen, bildet das Pendant zu kreativem Schaffen. Sie ist sowohl für die emotionale Aneignung der Welt als auch für die schöpferische Arbeit unabdingbar. Deshalb macht es uns von Kind auf Spaß, im Mond ein Gesicht zu entdecken und in den Wolken eine Drachenbrut.

Stattdessen wird allerorten »begrünt« – Verlegenheitsgrün dominiert auf Rest- und Abstandsflächen jeglicher Art. Wo der Straßenradius zu groß wird und das »Grün« vor sich hin wuchert, verliert der

Fußgänger sein Recht und die Stadt beginnt sich aufzulösen – nicht in Landschaft, sondern Brache und Wildwuchs, von Stadtrand zu Stadtrand. Freilich hält sich in einem solchen Ambiente der ästhetische Genuss auch des Autofahrers in Grenzen. Er fährt ja nicht durch »Parkways«, wie wir sie aus den Vereinigten Staaten kennen, sondern durch dürftige Infrastruktur anspruchsloser Bauten, die zu allem Überfluss Lärmschutz beanspruchen. Eingezwängt zwischen widerwärtigen Konstruktionen für Schall- und Sichtschutz, deren ökonomischer und gestalterischer Aufwand kaum zu überbieten ist, bewegt er sich. Doch niemand begehrt auf. Keiner der Zugreisenden beschwert sich, wenn er zwischen endlosen Scheuklappen hindurchfährt, wohl wissend, dass sich dahinter die schönste Landschaft auftut. Offenbar sind wir bereit, der mechanischen Fortbewegung alle ästhetischen Ansprüche zu opfern. Das begreifen wir spätestens bei der gänzlich unwürdigen Abfertigung an unseren Flughäfen.

Zurück zur Stadt. Ein gelungener Stadtraum setzt sich nicht etwa aus architektonischen Meisterwerken zusammen, sondern aus gut gebauten konventionellen Häusern – Häusern, die diese Bezeichnung verdienen. Das ist ja seit langem nicht mehr selbstverständlich. Investoren und Developer denken in Strukturen, möglichst groß, jenen Megastrukturen, die dahinwuchern ohne Anfang und Ende. Damit lässt sich viel Geld verdienen. Häuser hingegen sind abgeschlossene Einheiten, die sich um eine Adresse, einen Hauseingang, eine gemeinsame Erschließung herum organisieren. Die riesigen amerikanischen Hochhäuser waren bis in die Mitte des vorigen Jahrhunderts ganz selbstverständliche Häuser, erst dann bildeten sich Megastrukturen heraus, die man »Center« nannte: Rockefeller Center zum Beispiel, das allerdings noch aus seriösen Häusern besteht. Und diese Häuser waren einer Tradition verpflichtet – auf der Grundlage der regionalen Überlieferung des Stein- und Fachwerkbaus oder der Konvention, eine bestimmte Farbpalette zu verwenden für den Putz. Das konnte in aller Sparsamkeit geschehen oder auch opulent, immer aber geleitet von einem der Gemeinschaft geschuldeten Gefühl für Angemessenheit. Hin und wieder erwuchsen aus diesem Prozess veritable Kunstwerke, die sogar in die Architekturgeschichte eingegangen sind, obwohl sie alles andere als visionäre Einzelleistungen genialer Architekten waren.

Von Haus zu Haus wird man in einem solchen durch Tradition und Konvention geprägten Stadtraum nur feine Unterschiede wahrnehmen, nicht zuletzt, weil das Ensemble als Ganzes eine gewisse Geschlossenheit ausstrahlt, die uns angenehm berührt und die wir als schön empfinden. Die Grachtenhäuser in Amsterdam sind so ein Beispiel. Alle zeigen den Giebel zum Kanal und zur Straße, alle sind sie aus Backstein aufgerichtet über einem Sockel aus sogenanntem Blaustein. Der Haupteingang ist über eine hohe Treppe erreichbar, darunter oder daneben geht es über ein paar Stufen zum Souterrain. Die großen Sprossenfenster sind weiß lackiert, die Hauseingangstür ebenfalls, manchmal aber auch naturbelassen, lasiert oder transparent lackiert. Und nun beginnt man, die Unterschiede wahrzunehmen. Manchmal sind die Sockel der Gebäude zwei Geschosse hoch. Es gibt aber auch Häuser, deren Fassade ganz aus Blaustein besteht. Manche haben einen flacheren oder auch gar keinen Giebel mehr, ein Tympanon oder Traufgesims. Sie unterscheiden sich vor allem im Relief, von der flachen Fassade bis zu reich ornamentierter barocker Plastizität. Wir finden diese Einheitlichkeit im Großen und den Detailreichtum im Kleinen auch in deutschen Städten, die regional geprägt sind, etwa im Mauerwerkbau der Hansestädte oder im badischen Fachwerkbau.

Bis in die verfemte Gründerzeit waren diese Konventionen wirksam, eine Zeit, der es nicht schnell genug gehen konnte, um der Menschenmassen, die in die Städte strömten, Herr zu werden, eine Zeit auch der großen Profite. Die Fassaden wurden meist aus Fertigteilen aufgerichtet, die man wie aus dem Steinbaukasten zusammensetzen konnte. Den modernen Architekten in der Mitte des vergangenen Jahrhunderts war das ein Greuel. Nach dem Krieg hat man bei vielen dieser Häuser den Stuck abgeschlagen, um sie in ihrer nackten »Schönheit«, von der man glaubte, sie sei eine ehrliche, zu zeigen. Aber wir Menschen bekleiden uns ja auch und nicht nur, weil wir uns schützen wollen vor Regen und Kälte. Es geht dabei schließlich auch darum, uns zu schmücken und modisch aufzutreten.

So sehr es an der Stelle reizt, diese Überlegung zu vertiefen, sich darüber zu beklagen, wie unsere Zeitgenossen auf der Straße herumschlurfen in ihren Turnhosen und Badelatschen, wie sie sich gehen lassen und darin den zeitgenössischen Gebäuden ähneln, beginnen wir doch einen Unterschied zur Architektur festzustellen: Gute Architektur entzieht sich modischen Tendenzen, eben weil sie über den Tag hinaus Bestand haben will, physisch und ideell. Das allzu Modische empfinden wir als störend in der Architektur, wie auch das allzu Individuelle. Gute Architektur ist offenbar von dem Bewusstsein getragen, eingebettet zu sein in eine gemeinschaftliche Anstrengung vieler Generationen, deren Arbeit es mit angemessener Demut fortzusetzen gilt – und dies mit den besten Mitteln, die uns heute zur Verfügung stehen.

Es bildet sich auf unserem Spaziergang nun allmählich eine Vorstellung von Schönheit, von Gelingen heraus, die in wohltuendem Widerspruch steht zur landläufigen Auffassung, die Geschmäcker seien eben verschieden. Und wir gewinnen eine Ahnung von der Schönheit kollektiver Anstrengung über viele Jahrhunderte hinweg, die sich auch in unserer Zeit als kraftvoller und dauerhafter erweist als der genialische Einfall, der inzwischen so hoch im Kurs steht, in der Kunst wie im Feuilleton. So sehr das Absonderliche dazu taugt, die Aufmerksamkeit für einen kostbaren Moment auf sich zu ziehen, im Interesse einer ungeduldigen Vermarktung, so sehr ist Schönheit doch von anderer Art: Architektur, insbesondere die städtische, ist eine gemeinschaftliche Angelegenheit, die der Privatheit ihr Recht einräumt. Wo ist heute das Gemeinschaftliche, das unsere Städte hervorgebracht und unsere Landschaften bewahrt hat? Der Verlust dieses Bewusstseins und dieser Energie ist überall spürbar. Wir nehmen schöne Städte für ebenso selbstverständlich, wie wir uns mit den hässlichen arrangiert haben. Kein Aufbegehren angesichts sperriger Artefakte, die für sich genommen interessant und für einen Augenblick unterhaltsam sein mögen, aber untauglich sind, eine Gemeinschaft räumlich zu fassen und zu symbolisieren.

Anders als wuchernde Megastrukturen, die kein Vorne und Hinten kennen und oft auch kein Oben und Unten, wo Schilder in ein Loch locken, aus dem man, bepackt mit Plastiktüten voller überflüssiger Dinge, herauskommt, anders auch als die bejubelten Solitäre, stehen Häuser in einer Stadt in Beziehung zueinander. Die Qualität einer städtischen Situation und der entsprechenden Gesellschaft lässt sich danach beurteilen, wie die Häuser zueinander stehen, ob sie eine Physiognomie entwickeln und »interagieren«.

Hin und wieder gelingt es auch in Deutschland, mit etwas Zeit, aus der Stadt hinauszugehen, die

Outlet-Stores, Shoppingcenter, Autohäuser und Tankstellen hinter sich zu lassen, sich unversehens von Wiesen, Feldern und Wäldern umgeben zu sehen, durchzuatmen und beglückt darüber zu sein, dass der Blick sich ausruhen darf. Dass einem das Herz aufgeht, wenn es dunkel wird, und etwas geschieht, das in unserer Hektik in Vergessenheit geraten zu sein scheint: Der Sternenhimmel entfaltet sich – könnte das nicht der Anfang einer ästhetischen Erziehung an unseren Schulen sein?

Das mag freilich etwas betulich klingen, aber vielleicht ist eben dies das Problem. Es mangelt uns an Geduld, die naheliegenden Dinge wahrzunehmen und wertzuschätzen, weil wir die Welt bis in die letzte Ecke abgrasen wollen und nervös werden, wenn das Entertainment nachlässt und der Konsum aussetzt. Deshalb lassen wir uns ungern daran erinnern, wie trostlos es bei uns bisweilen aussieht, zumal das Elend selbstverschuldet ist – und das beileibe nicht zwangsläufig, wir können uns da keineswegs herausreden. Dass es in ostdeutschen Städten so aufgeräumt aussieht, verdankt sich nicht zuletzt dem Schmerz über die Entstellung der westdeutschen Städte im Zuge des Wirtschaftswunderoptimismus. Dass der Anblick des Marktplatzes von Pirna – wer kennt schon Pirna? – heute kaum zu unterscheiden ist von dem auf dem Gemälde Canalettos, der eben nicht nur Venedig und Dresden für malenswert gehalten hat, ist dieser Erfahrung und der damit einhergehenden Sensibilisierung geschuldet. Man wollte die maroden, aber unverstümmelten Innenstädte in einer Weise wiederherrichten, wie man sie in Erinnerung hatte.

Die ganz Gescheiten werden nun sagen, Pirna und die schönen Städte im Osten seien vielleicht gerade deswegen entvölkert, weil alles Erinnerung ist und nichts Zukunft und letztere eben im Westen liege oder gleich jenseits der Ozeane, wo die um sich greifenden Slums auf die verfallenden Quartiere treffen und uns eine Vorstellung von der Stadt dieser Zukunft vermitteln. Dort, in der Sphäre der Formlosigkeit, wird wohl die Freiheit zu suchen sein, die einem in Aussicht stellt, eines Tages am großen Geschäft teilhaben zu dürfen, das sich weder um Gepflogenheiten schert, noch einem anachronistischen Begriff von Schönheit huldigt.

Wir leben in einer Gesellschaft, die es offenbar aufgegeben hat, schöne Städte bauen oder auch nur erhalten zu wollen. Und dies, weil man glaubt, es sich nicht leisten zu können. Man wendet das Geld für offenbar Wichtigeres auf und leistet sich eine Verwahrlosung, die jedem empfindsamen Menschen, der sich dem Blick zurück nicht verschließen will, die Schamröte ins Gesicht treiben muss. Meine Generation hat eine Welt übernommen, die trotz der Zerstörungen durch den Krieg für uns geschaffen wurde, und dies mit dem Ansinnen, dass wir es dereinst besser haben sollten. Dafür dürfen wir unseren Eltern dankbar sein, bei aller Kritik, die wir in den 70er Jahren gegen sie gerichtet haben und der wir einen erheblichen Teil unseres wankenden Selbstbewusstseins verdanken.

Was aber geben wir weiter an unsere Kinder, nicht nur auf dem Touchscreen, sondern materiell, wovon wir sicher sein können, dass es Bestand hat?

# *Was ist zeitgemäßes Bauen?*

DIE Stadtbürger wollen ihre Altstadt wiederhaben. Ist das zeitgenössisch? Die Architekten zieren sich aber, sie ihnen zu geben. Die Bürger sind offenbar weiter als die Architekten. Und machtvoller. Sie reißen die Kopfgeburten der Architekten inzwischen im Generationenrhythmus ab. Und dies, obwohl das öffentliche Gebäude zu seiner Zeit ausgesprochen zeitgenössisch war: Sichtbeton, Horizontalität, abgeschrägte Ecken, Hochhausambition. Ein gebrauchsfähiges öffentliches Gebäude abzureißen, weil es die Bürger einfach satt haben, das ist zeitgenössisch!

Und wie reagieren die Architekten darauf? Der Altstadtwiederaufbau müsse zeitgenössisch sein, sagen sie. Und das Feuilleton pflichtet ihnen weitgehend bei, wir laufen ja heute auch nicht mehr mit Schnabelschuhen herum. Doch so sicher sollten wir uns da nicht sein. Vielleicht ist das Zeitgenössische das Modische. Gestern Waschbeton, heute Glas in Regenbogenfarben. Das Zeitgenössische – ein windiger Hund. Das war nicht immer so. Vor kaum einem Jahrhundert war das Zeitgenössische ein mehr oder weniger beherztes Justieren am Fluss traditionellen Bauens.

Die Frage ist also, wie wir als Architekten auf den Unmut der Bürger, der sich zusehends gegen unseren Berufsstand insgesamt richtet, reagieren sollen. Mit der Tradition und Erfahrung unseres Metiers können wir nicht mehr kommen, die haben wir ja selbst verspielt und mit Füßen getreten, wenngleich man uns die Bezugnahme darauf, stünden wir glaubhaft dazu, am ehesten abnehmen würde. In gewisser Weise wird diese Rolle von uns erwartet. Und wider besseres Wissen scheinen einige von uns sie fröhlich weiterzuspielen – vielleicht gelingt es einem ja, sich durchzumogeln zwischen Skylla und Charybdis, zwischen Modernismus und Historismus mit Hilfe abstrakter Form in Stein: Wasch' mir den Pelz, aber mach' mich nicht nass.

Das Untektonische wird in Stein zum Ärgernis, auch und erst recht in Form eines opportunistischen »Rationalismus«. Ein Rahmen ist eben etwas anderes als Säule und Gebälk, und was dem Bild adäquat ist, muss dem Haus nicht genügen, ganz unabhängig davon, was sich der Architekt dabei gedacht hat. Ein Schrägdach mit Giebelfront oder gar Tympanon-Stirn ist im physiognomischen Vorteil gegenüber einem Flachdach. Eine Balustrade schafft es auf wunderbare Weise, der schnöden Absturzsicherheit zu genügen und gleichzeitig als integraler Teil des Hauskörpers zu wirken. Eine Reihe quadratischer Steinpfosten mit einer Rahmung gleichen Querschnitts erscheint immer noch als Leiter, während Baluster mit Abdeckprofil als unmissverständlicher Teil des Hausganzen dem körperlichen Einfühlungsvermögen entgegenkommen:

Wir spüren sie gleichsam auf Bauchhöhe und wir stützen uns auf ihnen ab, wenngleich unser Auge sie in der Ferne wahrnimmt. Ein angeschraubtes Geländer dagegen oder eine angeklemmte Glasplatte bleibt eben ein angeschraubtes Geländer oder eine angeklemmte Glasplatte.

Es ist nicht die herausragende architektonische Qualität der zerstörten Häuser, die von den Bürgern zurückgewünscht wird. Es ist noch nicht einmal die persönlich erinnerte Stadtsubstanz, denn nur die wenigsten von uns haben diese vor der Zerstörung erlebt. Vielmehr ist es etwas, das dem modernen Architekten gänzlich fremd ist, weil es seinem Einzelkämpfertum und seinem Geniekult widerspricht: eine architektonische Konvention, die aus der Gesellschaft und ihrer Geschichte kommt. Diese Sehnsucht nun bricht über einen Haufen selbsternannter Propheten herein mit einer Wucht, die bald den Glauben an die Moderne oder besser die Nachkriegsrezeption einer vermeintlich »klassischen« Moderne schwinden lässt. Verlangt wird offenbar exakt das, was vor der modernen »Revolution« zum Wissen um das Architektonische gehört und über Jahrhunderte hinweg seine unerschöpfliche Wandlungsfähigkeit bewiesen hat. Die Rede ist nicht von Stilarchitektur oder Historismus. Ganz im Gegenteil: Durch alle Stile hindurch ist eine Konstante des Architektonischen erkennbar, die mit Traktaten nicht einzufangen ist, weil sie sich letztlich starrer Regelhaftigkeit und verbindlicher Normen entzieht und doch den Lebensnerv der Architektur, so sie über bloße Individualismen hinausgeht – und nur das macht sie zur Architektur –, darstellt. Dazu gehört der ganze tektonische Apparat, der uns zur Verfügung steht und der in der frühen Moderne, weit über Schinkel hinaus, verfeinert wurde, bis er eigentlich erst nach dem Zweiten Weltkrieg und in Deutschland auf dem Müll landete. Wir beginnen zu erkennen, dass eben diese Tektonik eine Art Bindemittel darstellt zwischen dem Menschen und seinen Artefakten, eine unbewusste Kommunikation zwischen den Bürgern und ihren Häusern. Erst ihr Versagen, der Verlust anthropomorpher Sinnlichkeit, verrät uns ihre Notwendigkeit.

Auch das Zeitgemäße oder was dafür gehalten wird, muss durch das tektonische Nadelöhr hindurch, wenn es nicht nur dem Intellekt genügen will, sondern vor allem der leiblichen Rezeption des Nichtarchitekten, insbesondere des Stadtbürgers, der nicht den Kick sucht, sondern zukünftig gut aufgehoben sein will, unbelästigt durch leidige Eskapaden – zumindest dann, wenn er sich mit dieser Stadt identifiziert, oder gar, wenn er sie mit seinem privaten Eigentum verbindet.

Wir haben mit dem Zeitgenössischen seit beinahe hundert Jahren derart zweifelhafte Erfahrungen gemacht, dass wir unsere Definition der Zeitgenossenschaft ganz entspannt auf vormodernes Terrain erweitern sollten. Wir werden dort Neuland betreten und bisweilen spektakuläre Überraschungen erleben! Wir, das heißt nicht nur und nicht einmal primär die Architektenschaft, denn die ist es, die mit aller Gewalt den Geist der Architektur in der Flasche halten will, um sich ungestört ihrem Privatvergnügen hingeben zu können im Glauben an ihre visionäre Fähigkeit, die Menschheit zu beglücken. Die Architekten wollen offenbar die einzigen bleiben, die aus einem Jahrhundert Architekturdebakel nichts gelernt haben, offensichtlich aus Angst, das ganze Ringen um eine »moderne« Architektur könnte umsonst gewesen sein.

Doch was sind schon hundert Jahre gegen eine Jahrtausende währende Architekturgeschichte! Ein halbes Jahrtausend hatten die griechischen Ruinen in Schutt und Asche gelegen, waren Rinder- und Ziegenherden über sie hinweggezogen, ihre Notdurft verrichtend, bevor die Architekten der frühen Renaissance in ihnen eine aufregende neue Welt der Architektur zu entdecken begannen, sie ausgruben und aufmaßen, um aus diesem Rohmaterial dann in beständiger Verfeinerung die europäischen und amerikanischen Städte zu errichten! Grund genug also, sich entspannt einem Glas Wein zuzuwenden, den die Römer auch schon kannten, den wir heute aber unvergleichlich besser machen, obwohl er nicht prinzipiell anders hergestellt wird. Ist er deshalb auch zeitgenössisch? Wen interessiert's, wenn er gut über den Gaumen rinnt und uns nicht mit »genialen« Einfällen des Winzers und auch nicht mit Exerzitien der korrekten Gesinnung belästigen will. Gegen ein Fachwerkhaus aus dem 14. Jahrhundert sah das Technische Rathaus bereits nach 30 Jahren alt aus, das haben die Frankfurter Bürger erkannt und die Konsequenz daraus gezogen.

Nach einem Jahrhundert des erfolglosen Erfindungszwangs wäre es angebracht, sich auf das bereitliegende Instrumentarium zu besinnen. Und wenn einfachere Geister erst einmal kopieren müssen, ist das beileibe kein Unglück, denn auf diesem Wege lässt sich erstens eine Menge lernen und zweitens, kaum wahrnehmbar, verändern. Wir müssen nur den entscheidenden Schritt über die Postmoderne hinaus tun, den Schritt von der Verwendung historischer Bilder hin zur tektonischen Logik der Architektur als gegliederter Körper in anthropomorpher Analogie. Das werden am Anfang noch hilflos anmutende Schritte sein. Mit der Zeit wird sich damit aber bald ein Ausdruck Bahn zu brechen beginnen, der über individuelle Leistungen hinausweist, weil er sich als gesellschaftliches Phänomen zu erkennen gibt, das zu Architektur geronnen ist – einer, wie könnte es anders sein, zeitgenössischen Architektur.

Es ist durchaus keine historistische Geste, wenn ich heute ein Gurtgesims verwende, vorausgesetzt, ich nehme es nicht als bloßes Versatzstück, wie das von der Postmoderne praktiziert wurde, weil deren Protagonisten zögerten, den entscheidenden Schritt weiter zu gehen. Wenn es notwendig wird, einen gegliederten Körper zusammenzuhalten, weil die Öffnungen zusehends größer werden oder die Hausfront immer breiter wird, dann sollte man eben über ein solches Gesims, einen solchen Gürtel nachdenken. Und wenn dieser, wie alle Bauglieder, sowohl trennen als auch verbinden soll, müssen Rundungen des Profils ins Auge gefasst werden. Das ist weder historistisches noch bloß ornamentales Interesse und auch nicht Geometrisierung, wie dies sogar abstrakte Modernisten zulassen würden, sondern eminent tektonisch. Es ist, wie Schinkel es nannte, das Architektonische. Wenn die Sonne auf ein solches Profil fällt, das aus dem Zusammenspiel von Rundungen und Kanten besteht, offenbart sich dem sensiblen Auge ein plastischer Reiz, aber eben einer, der in das tektonische System der Fassade eingebunden ist und aus ihm heraus notwendig wird. Das geht über die reine Reliefschichtung der Fassade hinaus, die ja auch ein halbes Jahrhundert benötigte, um die flache Rasterfassade zu überwinden. Nur ein gerundetes Profil macht alles Plattenartige, Additiv-Dürftige vergessen und stellt den Körper geschlossen vor uns hin.

Für die unbeirrbaren Verfechter der Moderne ist das Verrat oder gar Ketzerei, und reflexartig wird von ihnen der Vorwurf des »Historismus« erhoben, eben weil sie im Kompositorischen verharren, das zwar skulptural, aber nicht unbedingt tektonisch verfährt. Die Verbannung der Gliederung eines Baukörpers hat ja die Architektur erst in ihre Sprachlosigkeit gestürzt. Und genau dagegen,

gegen das Autistische und das bloß Aufmerksamkeit Heischende, beginnen die Stadtbürger aufzubegehren, eben weil sich Stadt nicht aus skurrilen Skulpturen zusammensetzt und auch nicht aus überdimensionierten Gestellen, in denen alles aufbewahrt werden kann: Büros, Wohnungen, Autos und Leitzordner. Solange die vermeintlich zeitgenössische »Architektur« in einer Baulücke sich als das ganz Andere gerieren darf, als Kunstobjekt, das die überlieferte Stadt als Kulisse missbraucht, um sich in Szene zu setzen, mag es noch leidlich gut gehen. Sobald aber aus mehreren solcher Objekte eine Straße gebildet werden soll, fällt man entweder dem Chaos anheim oder der Trostlosigkeit.

Deshalb verlangen die Stadtbürger »alte« Häuser zurück. Nicht unbedingt die, die schon einmal dort standen, auch nicht architektonische Highlights, sondern einfach solche, über die nicht nachgedacht werden muss, die nicht im Wege stehen und das Leben veröden. Gegliederte Ganzheiten müssen diese Häuser sein, keine abstrakten Kunstobjekte. In diese Organismen kann sich der Mensch mühelos einfühlen, hineinversetzen mit seiner eigenen Körperlichkeit. Er zuckt ganz unwillkürlich, wenn seinem Gegenüber der Kopf fehlt oder das Standbein, und er wundert sich über Verrenkungen, denn eine Stadt ist kein Zirkus. Bei alledem geht es zunächst gar nicht um Architektur im zeitgenössischen Sinne, um Autorschaft, sondern um die Verwendung eines über Jahrhunderte herausgebildeten, weitergereichten und dabei verfeinerten Repertoires, das uns zur Verfügung steht als kollektives Erbe, das bereitliegt für die zeitgenössische Aneignung, Interpretation und Verwandlung, um dem Unsinn, der heute gemeinhin Architektur genannt wird, ein Ende zu setzen.

# *Beflissene Arroganz*

NICHT selten kommt man auf deutschen Autobahnen ins Grübeln beim Auftauchen jener weißen Schilder mit brauner Strichgrafik und Schriftzug, etwa: »Chemnitz, Stadt der Moderne«. Fährt man an Baden-Baden vorbei, heißt es »Museum Frieder Burda, Baden-Baden«. Man hat dann Mühe, sich auf das Einhalten der erlaubten Geschwindigkeit zu konzentrieren. War da nicht noch was? Die Thermen etwa, das Kurhaus Weinbrenners und die Trinkhalle von Heinrich Hübsch? Ein wunderbares Gebäude, diese Trinkhalle mit ihrer großartigen Kolonnade, zur Stadt und zum Park hin geöffnet in verschwenderischem Gestus. Doch zum Trinken des heilsamen Wassers finden nur noch wenige hierher, und das Haus verkommt zu einem Kiosk mit Devotionalien und Postkarten, die an bessere Zeiten gemahnen. Die Stadt weiß mit diesem Kleinod deutscher Architektur und Bäderkultur des 19. Jahrhunderts offenbar wenig anzufangen, denn unsere medial überreizte, für solche Kostbarkeiten eher unempfindliche Gesellschaft bedarf wirksamerer Drogen, eines Opernhauses etwa, das sich mit Bayreuth und Salzburg messen kann, obwohl es als funktionale Kiste daherkommt, die den alten Bahnhof unter sich begräbt. Oder aber eines Museums

Frieder Burda, vom amerikanischen Großmeister Richard Meier geplant, der, von postmodernen Verwerfungen unberührt, auf den Spuren Le Corbusiers wandelt, so als hätte es keine Kritik an der »durchgrünten und aufgelockerten Stadt« gegeben und auch nicht an einer Architektur, die sich überall und nirgends niederzulassen beliebt. Hier nun ist sie glücklich gelandet, in einem wunderbaren Park mit einem sich sachte dahinkräuselnden Flüsschen, vis-à-vis das Brenners Park Hotel und nebenan eine der schönsten Kunsthallen, die hierzulande anzutreffen sind – ein Geheimtip. Das Gebäude von der Hand des großen Karlsruher Architekten Hermann Billing war im Nachkriegsdeutschland ein Ort ganz außergewöhnlicher, vielbeachteter Ausstellungen, und Generationen junger Künstler haben sich danach gesehnt, einmal diese Räume bespielen zu dürfen.

Doch seit das Guggenheim-Prinzip in die Welt gesetzt wurde – erst in New York, wo Frank Lloyd Wright sich nicht zu schade war, seine weiße Spirale in die noble Ostfront des Central Park zu setzen und so die sakrosankte Kante des zentralen Stadtraumes für eigennützige Zwecke zu missbrauchen –, seitdem hat Mäzenatentum die großbürgerliche Zurückhaltung aufgegeben zugunsten auftrumpfender Gesten der Selbstvermarktung im Gewande öffentlicher Zuwendung. In kumpelhafter Vereinnahmung werden dann Projekte aus dem Hut gezaubert, die verarmte Provinzkommunen ins globale Rampenlicht zu katapultieren versuchen. Politiker bekommen glänzende Augen, denn die Gelegenheiten, im Zeitraum einer Legislaturperiode physisch erfahrbare Erfolge vorzuweisen, sind rar. Anstatt sich um die ebenso herausragende wie gefährdete Substanz zu kümmern, wird mit großen, nicht eben uneigennützigen Gesten von der Misere öffentlicher Haushalte abgelenkt. Kein Wunder, dass vor allem die Kunstmuseen – denn nichts bewegt heute die Menschen mehr als Kunst – aufrüsten, um im Wettbewerb der Besucherzahlen die Nase vorn zu haben.

So soll nun ein anderer Geheimtip, die Staatliche Kunsthalle Karlsruhe, aus seinem Dornröschenschlaf wachgeküsst werden. Lässt man einmal die Frage beiseite, ob große Kunst der Massen bedarf, die hier mobilisiert werden sollen und ob die Massen der solchermaßen stimulierten Kunst bedürfen, kann man dem Unternehmen nicht absprechen, das Stadtmarketing zu befördern. Und das in einer Kommune, die sich mit ehrgeizigen, um nicht zu sagen größenwahnsinnigen Verkehrsprojekten verausgabt. Doch Karlsruhe ist nicht Bilbao, eine heruntergekommene, ausgebrannte Industriestadt, sondern eine florierende Universitätsstadt, die als ehemalige Badische Residenz auf eine glorreiche Geschichte zurückblicken kann und die trotz schwerer Kriegszerstörung noch in ihrer großen barocken und klassizistischen Architektur (vor allem Weinbrenners, dessen Marktplatzensemble Weltgeltung beanspruchen darf) zu bewundern ist. Und natürlich darf man den einzigartigen Stadtgrundriss radialer Straßen, die auf das Schloss zulaufen, nicht außer Acht lassen, dessentwegen Karlsruhe an der Autobahn recht prosaisch als »Fächerstadt« angekündigt wird.

Dieser Fächer soll an der Westseite des »Zirkels« ein Facelifting über sich ergehen lassen, wobei der Patient unter dem Geheimtip-Syndrom leidet und zu allem Überfluss als Baudenkmal eingestuft ist, wenigstens zu großen Teilen. Es verbietet sich also, den alten Bau, der augenscheinlich zeitgenössischen Ansprüchen der Kunstvermittlung nicht zu genügen vermag, einfach abzureißen und einen Neubau hinzuwuchten, von welchem Stararchitekten auch immer. Normalerweise wird in solchen Situationen ein gut vorbereiteter, mit der Bürgerschaft abgestimmter und in die Öffentlichkeit getragener Wettbewerb ausgeschrieben. Hier aber gibt man unter der Decke der Verschwiegenheit ein Gutachten in Auftrag, auf dessen Basis ein öffentliches Vergabeverfahren eingeleitet wird, mit dem Ergebnis, dass zufällig eben jenes Büro, das bereits gutachterlich tätig war, siegreich aus dem Verfahren hervorzugehen scheint – und alle halten auf wundersame Weise still, allen voran die Architektenverbände, die sonst doch immer voreilig mit den Hufen scharren.

Hier nun beginnt das architektonische Ärgernis, denn unser Berufsstand, den man so zu nennen sich allmählich scheut, scheint von allen guten Geistern verlassen. Die Hoffnung, bisweilen doch noch etwas abzubekommen im Aufmerksamkeitsgeschäft, straft einen Restkonsens über Mindestbedingungen für Architektur Lügen, weil es, wie in diesem Fall, gar nicht primär darum zu gehen scheint, ein gut funktionierendes Haus herzustellen, sondern ein aufsehenerregendes Bild für Marketingzwecke. Diese Bildproduktion gestaltet sich hier ausgesprochen schwierig, weil ja nicht nur der Ursprungsbau von Heinrich Hübsch unter Denkmalschutz steht, sondern sowohl die erste Erweiterung von Josef Durm als auch die zweite von Heinrich Amersbach. Nur die Vollendung der Vierflügelanlage durch Heinz Mohl, dessen Bau als Siegerprojekt aus dem 1978 ausgeschriebenen Wettbewerb hervorging, kam bisher nicht in den Genuss des Denkmalschutzes und scheint deshalb für die am Verfahren Beteiligten gleichsam zum Abschuss freigegeben.

Einmal davon abgesehen, dass gerade hier an denkbar ungeeigneter, weil stadtabgewandter und von ausladenden Parkbäumen verdeckter Stelle, das Feuerwerk stattfinden soll, darf man in Erinnerung rufen, dass eben dieser Mohl'sche Eingriff in der Geschichte deutscher Museumsbauten seit den 70er Jahren seinesgleichen sucht. Ohne die übertriebene Gestik der frühen Postmoderne, die nicht selten schwülstig und allzu zeitverhaftet daherkommt, schafft es Mohl, nicht nur einen funktionalen Museumsbau zu realisieren, der die schwierigen, einander oft widersprechenden Bedingungen des Programms erfüllt, sondern auch die unterschiedlichen Teile des Hauses erstmals zu einem großen Ganzen zu verbinden und damit einen vorbildlichen Beitrag zu leisten zum Ideal des Weiterbauens, das sich heute sowohl gegen das Ex und Hopp modernistischer Selbstüberschätzung als auch gegen das denkmalpflegerische Desinteresse am feinen Unterschied durchzusetzen beginnt.

Neigt das denkmalpflegerische Ideal dazu, die Glaskiste stets gegen die Steinruine prallen zu lassen, so sucht Mohl stattdessen die freundschaftliche Beziehung zu seinen Vorgängern Hübsch und Durm. »Das Ausschlagen der Oberlichtsaaldeckengewölbe (... ) wäre (... ) eine Versündigung an dem Erbauer der Galerie«, schreibt Durm in seinem Gutachten zur Verbesserung des Oberlichts im Hübsch-Bau. So schlecht seien die Beleuchtungsverhältnisse nicht. Wo sind diese Sensibilität und der Respekt geblieben, muss man unsere Architekten heute fragen. Ja, Mohl nimmt sich Durm zum Vorbild und schließt außerordentlich feinfühlig und in freundschaftlicher Zuneigung an seine Vorgänger an. Dies gelingt ihm nicht nur durch die Verwendung eines ähnlichen Backsteins, sondern indem er mit dem Prinzip der abstrakten Kiste bricht, über das die Architektur hierzulande bis heute nicht hinwegkommt. Er gliedert sein Haus mit Pilastern und Gesimsen, um es solchermaßen vollkommen unspektakulär an das Gebäude von Heinrich Hübsch heranzuführen.

Zudem entwickelt Mohl den Ehrgeiz, das die Vorgängerbauten charakterisierende, tabuisierte Bogenmotiv aufzugreifen und es als zweite hinter der Backsteinfassade mit ihren orthogonalen Fenstern durchlaufende Schicht in Erscheinung treten zu lassen, nicht zuletzt, um die Viergeschossigkeit gegenüber den zwei Geschossen des Hübsch-Baus zu überspielen. Vielleicht stand hier Alberti Pate, der bei seiner als »Tempio Malatestiano« bekannten Kirche in Rimini den gotischen Ursprungsbau so ummantelt, dass er sich durch Bogenöffnungen hindurch zu erkennen gibt. Annäherung von Alt und Neu also durch Aufgreifen und Neuinterpretation charakteristischer Elemente, Sehnsucht nach Kontinuität in einer Zeit gewaltsamer Brüche. Da, wo Mohl aufgehört hat, wo ihm der Zeitgeist Grenzen gesetzt hat, dort müsste man weitermachen, um die Zwangsjacke der Abstraktion abzustreifen.

Ein Haus wie die Kunsthallen-Erweiterung von Heinz Mohl abzureißen ist an sich schon ein Ansinnen maßloser Selbstüberschätzung. Sieht man sich auch noch die überragende bauliche Qualität an, mit der das Gebäude Mohls vor uns steht, und zieht den Vergleich mit der bedauernswerten Schludrigkeit heutigen Bauens, dann erscheint das Unterfangen schlichtweg anmaßend. Wie weit der Entwurf von Heinz Mohl unsere Zeit hinter sich lässt, ahnt man erst beim Vergleich des in den 60er Jahren von der Karlsruher Bauverwaltung vorgelegten Entwurfes mit den konkurrierenden Beiträgen im öffentlichen Vergabeverfahren: alles Kisten. Da hat sich ein halbes Jahrhundert lang nichts getan! Es handelt sich hier um nichts weniger als die Bankrotterklärung der zeitgenössischen Architektur, wenn es darum geht, eine Fassade zu entwerfen. Der Banalität von Schachteln mit Löchern kommt überlieferte Substanz gerade recht als Kontrast und Vorwand für die Aneignung historischer Versatzstücke. Was wäre das Neue Museum in Berlin ohne Stüler, und was wären diese Entwürfe ohne Hübsch und Durm?

Dagegen betritt Heinz Mohl mit seinem Entwurf architektonisches Neuland, indem er sich bei aller Befriedigung zeitgenössischer Ansprüche daran erinnert, was Architektur einmal war, als Heinrich Hübsch seine Kunsthalle baute, und was Architektur auch heute noch sein kann, wenn sie den Menschen mit seinen physischen und ideellen Ansprüchen als zentrales Anliegen begreift, anstatt sich kurzatmigen Ideologien und Moden anzudienen.

Worauf man bei diesem neuen Bauvorhaben augenscheinlich setzt, ist eine Kiste, möglichst 1200 $m^2$ groß, mit Oberlicht. Wie die zu integrieren ist in die Stadtstruktur an einer überaus verletzlichen Stelle und ob das mit den früheren Bauphasen der Kunsthalle korrespondiert, gilt offenbar als zweitrangig. Hauptsache: ein Paukenschlag. Und den liefert Kuehn Malvezzi Architekten, die als junge Kollegen vielfach bewiesen haben, dass sie sich feinfühlig im historischen Kontext bewegen können. In einem ersten Schritt wird der Amersbach-Flügel abgerissen und durch eine Backsteinbox ersetzt, die geschosshoch über die Trauflinie, die Durm und Mohl penibel eingehalten haben, hinausgeht und kompromisslos geschlossen ist, jedem menschlichen Empfindungsvermögen hohnsprechend. Für Sonderausstellungen ist unter dem Hof gesorgt, der mit einem Glasdach aus der Feder Sobeks geschlossen wird und nicht etwa als Ausstellungsraum für skulpturale Objekte dient, wie das von Durm und wohl schon Hübsch vorgedacht war, sondern als üppiges Foyer, ohne das heutige Museumsbauten offenbar nicht existieren können, denn es muss über die Kunst hinaus konsumiert werden.

Warum die jungen Kollegen mit alldem nicht zufrieden sind und auch noch den Mohl'schen Westflügel abreißen müssen, erscheint mir schleierhaft, zumal der Ersatzbau wiederum recht schematisch dem Chipperfield-Prinzip am Neuen Museum huldigt: Ziegelbau mit abstrahiertem Hübsch-Fenster, das in der Halle nur als Relief erscheint, wobei hier gar kein Hübsch gestanden hat, sondern immer noch ein Mohl steht. Auch Mohl hätte liebend gerne, darf man vermuten, den Hof der Vierflügelanlage als glasüberdecktes Atrium ausgebildet, allein, es war ihm nicht gestattet. Das Budget gab es nicht her, und er war zu allem Überfluss gezwungen, die sperrige Thoma-Kapelle, mit deren Auslagerung sich alle Wettbewerbsteilnehmer Bewegungsfreiheit verschafft haben, innerhalb des Blockvolumens unterzubringen. Für dieses Atrium spricht ja vieles, ob es nun für Ausstellungszwecke oder Konsum oder beides und noch viel mehr genutzt werden soll.

Weil die Mittel knapp sind und eine Stadt wie Karlsruhe zu stolz sein sollte, in Zukunft unter einem Firmennamen an der Autobahn auftreten zu müssen, ein Vorschlag zur Güte: Realisiert das Atrium, stützenfrei, mit einer filigranen Glasdachkonstruktion, die möglichst nicht so plump auf dem Dachgesims der Altbauten zu liegen kommen sollte, wie beim Dresdner Schlosshof. Darunter werden die Sondernutzungen eingerichtet. Und weil das vermutlich noch nicht reicht für ein zukunftsfähiges Konzept, baue man auch noch den Amersbach-Flügel rück, wie das heute so schön heißt. Von dem stand ja nach dem Kriege ohnehin nur noch eine Fassade zweifelhafter Qualität. Ersetzt ihn durch einen dreijochigen Bau, der die Traufhöhe respektiert. Lagert die Thoma-Kapelle aus, aber kümmert euch um die Fassade zum Park. Das von Chipperfield aufgegriffene Mohl-Prinzip der Zweischichtigkeit könnte hier der latenten Grobschlächtigkeit der Oberlichtbox entgegenwirken, womöglich auch im Atrium selbst. Ob dieses auch mit einer Backsteintonne geschlossen werden könnte, bedarf einer eingehenden, überaus delikaten Untersuchung, auf die alle Welt gespannt sein darf.

Und schließlich: Stellt vor allem den Mohl-Flügel unter Denkmalschutz, lasst ihn im Äußeren unangetastet und begnügt euch im Inneren mit der absolut notwendigen Anpassung an die heutigen Bedürfnisse, selbst wenn dafür liebgewordene Claims aufgegeben werden müssten und auch der ideale Museumsparcours einen Schlenker bekommt. Wer behauptet, das sei nicht möglich, besuche das eine oder andere italienische Museum, deren Besucherzahlen nicht gerade leiden, wenn die Ideallinie sich der baulichen Überlieferung zu beugen hat. Wie hieß es noch so schön in der Bekanntmachung des öffentlichen Vergabeverfahrens, »(...) gleichzeitig soll ein Beitrag geleistet werden, der Alt und Neu in hervorragender Weise miteinander verbindet«.

Wie gedeihlich könnte es sein, am überlieferten Kunsthallengebäude weiterzubauen, anstatt unbequeme Teile des Ensembles einfach abzureißen. Es wäre verhängnisvoll, die Stadt analog den Ruinengemälden Hubert Roberts, dem Hubert Burda seine Dissertation gewidmet hat, als fröhliches Zerstören und Neubauen zu begreifen. Denn aus den Ruinen Roms sind ja nicht nur interessante Sujets hervorgegangen, die man in Capriccios, etwa die »Römische Phantasievedute« der Kunsthalle Karlsruhe, weiterspinnen konnte, sondern auch eine neue Architektur, deren morphologischer Wandlungsfähigkeit wir unsere europäischen Städte verdanken.

Vielleicht sollte Karlsruhe sich bescheiden und nicht versuchen, in Wettbewerb zu treten mit Frankfurt am Main oder Basel. Warum kann das Interesse nicht eher in die Tiefe gehen als in die Breite? Das war schon zu Hübschs Zeiten eine vernünftige Entscheidung, um mit begrenzten Mitteln zu wuchern. Eben daraus könnte die »besondere Stimme der Kunsthalle Karlsruhe im Konzert der deutschen Kunstmuseen«, von der die Direktorin spricht, erwachsen.

# *Stolz – eine urbane Tugend*

Die freie Aufrichtung der Gattung zum gewagten Gang, von der Fichte spricht, war anstrengend, und sie fällt der Architektengeneration, die mit der Reißschiene aufgewachsen ist, bis heute nicht leicht. Nicht nur, weil uns die Wirbelsäule zu schaffen macht, gehört Standhaftigkeit zu unseren weniger herausragenden Tugenden. Mit dem frühen 19. Jahrhundert begann die schleichende Erosion von Werten und Verbindlichkeiten, die nach dem Zweiten Weltkrieg noch erheblich beschleunigt wurde. Selbst die Maximen der frühen Moderne mussten dem Pluralismus des »anything goes« weichen. Aus Schulen je eigener Tradition und eigener Haltung erwuchsen mehr oder weniger zufällige Anhäufungen individueller, meist recht disparater Lehrmeinungen. Ungünstige Voraussetzungen also, um mit moralischen und professionellen Prinzipien einer Kommerzialisierung der öffentlichen Angelegenheiten entgegenzusteuern, die in den vergangenen 20, 30 Jahren über uns hereingebrochen ist und alles, was unser Metier einst bestimmte und was einer wie auch immer beschädigten bürgerlichen Gesellschaft wertvoll gewesen ist, »outgesourct« hat, so dass am Ende nur noch bare Münze übrigblieb. So lässt sich alles, *pecunia non olet,* als Architektur verkaufen, was profitabel scheint, ungeachtet des mulmigen Gefühls, das selbst die hartgesottensten Opportunisten dabei beschleicht, und der Befürchtung, Architektur könnte in diesem Geschäft längst auf der Strecke geblieben sein. Das Spekulantentum der Finanzmärkte zeigt ja sein Gesicht nirgends deutlicher als in der zeitgenössischen Bauerei, die Architektur zu nennen man sich scheut.

Der mühsam erlernte aufrechte Gang hat sich in ein unstetes Schlendern, Torkeln, Stolpern verwandelt, das charakteristisch scheint für die zeitgenössischen Ensembles von Hochhäusern, sei es in Las Vegas, Mailand oder Frankfurt am Main. Standhafte, solide Gebäude gelten als Ausdruck totalitärer Gesinnung, als Provokation. Bauten müssen kippen und Fassaden zittern, um den Ansprüchen politischer Korrektheit zu genügen und vor allem Aufmerksamkeit zu erregen. Dem labilen tektonischen Repertoire entspricht das Schlurfen durch Shopping- und Entertainment-Landschaften. Dabei gibt es durchaus noch Steigerungsformen: Nicht mehr nur das Gebrochene reizt den Architekten von heute, sondern auch das Flüchtige, Formlose. Das Lot, Symbol aller architektonischen Bemühungen um Standfestigkeit, hat ausgedient; der rechte Winkel zur gedachten Erdebene ist obsolet geworden. An seine Stelle ist die Eigenwilligkeit des Amorphen getreten. Die praktische Umsetzung solcher Phantasien liegt dann freilich bei den Ingenieuren, und der ausführenden Firma steht dafür selbstverständlich die avancierteste Technik zur Verfügung. Der Fotograf muss für seine Werbeprospektaufnahmen Abstand wahren, und in der Powerpoint-Projektion verschwimmen ohnehin die letzten Konturen.

Wozu also noch Haltung? Ein antiquierter Begriff, der dem Handbuch Preußischer Offiziersschulen zu entstammen scheint. Was soll heute »Haltung«, wo doch jeder nach seiner eigenen Façon selig werden kann und soziale Netzwerke die persönliche Kontaktaufnahme ersetzen. Wir zappeln und halten uns fit! Nicht von ungefähr hat der Jogger den Flaneur verdrängt im Stadtzentrum. Doch die Gangart repräsentiert ja nicht nur eine Lebensform, sondern konstituiert ganz wesentlich unsere Wahrnehmung, die primär eine körperliche ist. So, wie wir uns durch die Stadt bewegen, sieht sie dann eben auch aus. Rufen wir uns jene Vorstellung von einer autogerechten Stadt in Erinnerung, die den Fußgänger als Hindernis erscheinen ließ und ganze Innenstädte dem Erdboden gleichgemacht hat – nicht nur in Nordamerika. Das allgegenwärtige Planieren der Vorgärten, entspringt es nicht der gleichen Borniertheit?

Sehen wir uns dagegen die beherzte Politik der Verkehrsberuhigung in italienischen Städten an: Sie zielt nicht etwa darauf ab, unsägliche Shoppingmeilen einzurichten, wie sie nördlich der Alpen üblich sind, sondern versucht, den Fußgänger wieder ins Recht zu setzen. Der Furcht entledigt, von vorbeifahrenden Autos erfasst zu werden, darf er durchatmen und das urbane Leben genießen. Morgens, wenn das gleißende Licht der Januarsonne den Steinbelag glitzern lässt, überfällt ihn ein unbeschreibliches Glücksgefühl. Haltung ist, wenn ich beim Gang über die Piazza San Marco spüre, wie die Wirbelsäule sich ganz unwillkürlich aufrichtet. Haltung ist, wenn ich mich dem Portikus des Pantheon in Rom nähere und in die Rotunde hinaufschaue und jubeln möchte. In diesem Moment verstummt jeder kleinliche Einwand.

Aufrechten Ganges vermag der urbane Mensch, der weder den Angriff wilder Tiere fürchten muss, noch sich unter mühseliger Feldarbeit zu beugen hat, sich mit Dingen zu beschäftigen, die der Existenzsicherung Spiel und Genuss abtrotzen. Es ist durchaus ein Unterschied, ob mir die sprichwörtliche Decke auf den Kopf fällt oder ob ich durchatmen und mich aufrichten kann, weil sich über mir die Decke wölbt und ein Raum sich öffnet, der über notdürftige Anforderungen hinausgeht. So macht sich Architektur bemerkbar, wir spüren ihren anthropomorphen Charakter und folgen ihrer symbolischen Bedeutsamkeit. Wir empfinden da etwas, was uns fordert, uns Halt verleiht.

Es sei der Geist, der sich den Körper baut, lesen wir bei Schiller. Haltung benötigt offenbar mentale Stütze. Woran kann man sich festhalten oder gar aufrichten, wenn moralische Prinzipien Naserümpfen hervorrufen? Haben wir noch Werte zu verteidigen, gesellschaftliche, aber auch architektonische, wenn die Vorstellung von einer guten Gesellschaft und einer schönen Stadt verlorengegangen ist? Das Scheitern der Stadtvisionen Le Corbusiers hat bedauerlicherweise nicht zu der Erkenntnis geführt, dass es Hybris sei, gegen gesellschaftliche Konventionen und eine entsprechende Bautradition anzutreten. Eher hat es Mutlosigkeit hervorgerufen, noch Vorstellungen zu entwickeln, wie diese Welt sein sollte. Stattdessen zieht man es vor, sich treiben zu lassen auf der Woge des Zeitgeistes, die inzwischen eine globale ist, von geographischen und kulturellen Restriktionen befreit. Wir wundern uns dann, wenn vor dem *centro storico* ein Schild postiert ist: »Wir müssen leider draußen bleiben« – wir Architekten, denn die Denkmalpflege hat diese Verantwortung im gesellschaftlichen Interesse übernommen.

Hat das »Design« seinen Ursprung im *disegno* der Renaissancearchitektur, so ist seine Entwicklung zur heutigen Bedeutung durch einen Prozess der Optimierung gegangen, hin zum Verpackungsdesign. Dabei wurde dem Begriff alles Architektonische ausgetrieben, zuvorderst die Tektonik, die ja auf der Einheit von Inhalt und Ausdruck, auf dem delikaten Verhältnis von Konstruktion und Erscheinung beharrt. Die »Architektur«, mit der wir heute konfrontiert sind, kommt aus dem London der späten 60er Jahre, als die Architekturvisionen »Archigrams«, denen die asiatischen Städte heute verblüffend ähneln, sich als ausgesprochen nützlich erwiesen, Schallplatten marktgerecht zu verpacken. Design ist Verpackungskunst und Vermarktungstechnik, darauf ausgerichtet, den Massenkonsum anzukurbeln, das immer Gleiche stets verschieden und das schnell Gealterte, aus der Mode Gekommene stets neu aussehen zu lassen.

Wohl deshalb ist das Flanieren in Vergessenheit geraten, oder vielmehr erlahmt, denn zum Flanieren gehört ein gewisser Stolz: Stolz auf das gemeinsam Geschaffene. Und wo hätte der bis vor kurzem besser zum Ausdruck kommen können als in der Stadt und ihrer Architektur? Die Menschen in den Bildern von Gustave Caillebotte sind eben nicht nur Staffage, sie sind, ob Arbeiter oder Geschäftsmann, stolz auf ihre Stadt und ihre Arbeit, die dieses grandiose Gemeinschaftswerk hervorgebracht hat. Haltung heißt eben auch, »ja« sagen zu können, aus voller Überzeugung »ja« zu sagen zu dem, was man geschaffen hat. Wie aber soll man stolz sein auf Bauten, die als Konsumprojekte errichtet und im Abschreibungsrhythmus recycelt werden? Der Architekt kann dabei doch ebensowenig Stolz empfinden auf seine Arbeit wie der Hilfsarbeiter: Ein solches Machwerk gibt sich zu erkennen, sobald die Sonne im flachen Winkel auf die Fassade fällt – von der Wirkung in kommenden Jahren ganz zu schweigen.

Der Verpackungskünstler klebt Styropor auf den Beton, spachtelt Kunststoffputz darüber und schließt die Fuge an den Plastikfenstern mit der Silikonspritze. Das sollte einem Architekten die Schamröte ins Gesicht treiben und ihn um den Schlaf bringen. Um sein Gewissen zu entlasten, müsste er daraufhin wohlfeilen Ausreden entgegentreten, die Gesellschaft sei nicht mehr bereit, höhere Kosten für das Bauen zu tragen, unsere moderne Technik habe ökonomischere Bauweisen zur Folge, und weil nicht mehr für die Ewigkeit gebaut werde, sei vielmehr auf Recyclingfähigkeit zu achten – wie das mit dem Teufelszeug möglich sein soll, ist mir seit jeher schleierhaft.

Haltung heißt aber auch, ab und zu »nein« sagen zu können trotz möglicher ökonomischer Nachteile. Haltung ist das Gegenteil von kunstbeflissenem Nuscheln, das hierzulande weitverbreitet ist und allzugern mit Kreativität verwechselt wird: »Form, nein um Form ist es uns nie gegangen, aber natürlich lehnen wir Form auch nicht ab, wir sind weder gegen noch für Form.« Haltung *ist* Form! Sie ist das Gegenteil von katzbuckeliger Sponsorenpflege. Wir können vor lauter Muskeln kaum gehen, aber sehen uns einem erzieherischen Minimalismus verpflichtet, der gute Laune im Keim erstickt. Architektur ist Überfluss, wie der Blumenschmuck auf dem Tisch! Architektur hat etwas zu feiern! Wer meint, dass dabei sinnlos Geld verschwendet werde, weil die Blumen doch morgen schon ihre Köpfe hängen lassen werden, sollte besser eine Verwaltungskarriere verfolgen.

Das Hauptgebäude der ETH Zürich von Gottfried Semper ist ein großes Fest, dessen Wirkung wir uns bis heute nicht entziehen können. Deshalb geraten dort fast alle zeitgenössischen Veranstaltungen, so gutgemeint sie auch sein mögen, zur Peinlichkeit: eine dürftige Diaprojektion hier, ein Marketing-Event dort. Wenn die Hochschule sich nicht affirmativ wirtschaftlichen Interessen ausliefern, sondern ein hinreichendes kritisches Potential als Institution, die der Gesellschaft insgesamt verpflichtet ist, bewahren will, dann kann an der Architektur-Fakultät nicht darauf verzichtet werden, Mittel für Ausstellungen und Publikationen bereitzustellen, die diese Haltung in die Öffentlichkeit tragen. Ohne überschüssige Energie keine Architektur. Die panische Angst vor Verschwendung schafft zwar ein Arbeitsklima, in dem Technokraten gedeihen mögen, aber keines, das erahnen ließe, was Architektur war und heute noch sein könnte, allen zeitgeistigen Einschüchterungen zum Trotz: Anmaßung, Übermut, Kompetenzüberschreitung.

Heute weiß jeder, dass die Heroen der Moderne drauf und dran waren, unsere europäischen Städte zu ruinieren, wenn man sie denn gelassen hätte. Sie haben es aber immerhin geschafft, Hochschulen, insbesondere die der Architektur, an den Stadtrand auszulagern – eine erzieherische Maßnahme, die vom Bauhaus ausging: raus aus der Stadt, in die unberührte Natur, neu anfangen, ohne geschichtlichen Ballast. Warum wird es als selbstverständlich hingenommen, dass ausgerechnet Architekturschulen an der Peripherie ihr Dasein fristen, einer Ideologie der durchgrünten und aufgelockerten Stadt folgend und auf der Überzeugung gründend, dass die alten Innenstädte nicht länger zu gebrauchen seien, von ihrer Vorbildlichkeit ganz zu schweigen? Man kann sie aufzählen: Paris, Zürich, Delft, Dortmund, Darmstadt ... Wenn die alte Stadt schon nicht dem Erdboden gleichgemacht werden kann, muss der junge Mensch raus, um auf der grünen Wiese ein ideales Leben zu führen, ein funktionalistisches, zukunftstaugliches Leben. Durch diese Gebäude muss man keine Business Consultants schicken, um die Optimierung von *circulation* und *maintenance* zu regeln; das ist alles schon in vorauseilendem Gehorsam geschehen. Dort aber, wo die Schulen im Stadtzentrum verbleiben durften, sind sie meist in scheußlichen Gebäuden untergebracht.

Dass diese monströsen Projekte der 70er Jahre über gigantische Tiefgaragen hinwabern, dass der Student ganz selbstverständlich in der Agglomeration wohnt und seinen Parkplatz beansprucht, wenn er nicht zu den Bemitleidenswerten gehört, die auf öffentliche Verkehrsmittel angewiesen sind – über diesen Anachronismus, der jeder Vorstellung von Nachhaltigkeit hohnspricht, redet keiner, und auch nicht darüber, dass der Asbest im Zweifelsfalle lieber drin gelassen wird, weil andernfalls die Wunderwerke moderner Architektur komplett entsorgt werden müssten.

Der Fortschritt, man kann es gar nicht oft genug betonen, kann im Bewahren liegen, in der stolzen

Verteidigung des Alten. Stattdessen haben wir die real existierende Stadt aufgegeben als Betätigungsfeld, obwohl alle Hindernisse aus dem Weg geräumt sind, die seinerzeit dagegen zu sprechen schienen, an der überlieferten Substanz weiterzubauen. In Zürich gründen wir eine »Science City« nach amerikanischem Vorbild, anstatt die Studenten an jenen Orten arbeiten zu lassen, an denen sie am eigenen Leib erfahren können, wie viele Möglichkeiten, welche kulturellen Errungenschaften die europäische Stadt bietet. Daran erinnert stets aufs neue Gottfried Sempers Hauptgebäude, mit dem die Architekturschule einst begründet wurde.

# *Sehn Se, det is Berlin!*

Bei großen Bauvorhaben ist es oft schwer, dem Volk klarzumachen, worum es eigentlich geht. Das Profitziel starr im Blick, wird so lange über Nebenkriegsschauplätze debattiert, bis die Politik klein beigibt. In Stuttgart etwa geht es ja primär darum, Bahngrundstücke zu verscherbeln, in zweifelhafter Erwartung einer Stadterweiterung, die als öffentliches Anliegen diese Bezeichnung auch verdiente, sich also nicht nur in der Maximierung anonymer Büroflächen im Interesse des Shareholder-Value erschöpft. Man kann sich das im kleinen am Züricher Hauptbahnhof, der sogenannten Europaallee, anschauen. Denn mitnichten geht es um die um ein paar Minuten frühere Ankunft in Ulm. Wer will nach Ulm?

Türme weg, kommt immer gut an in Berlin. Der Verwaltung ist wohl kein besseres Thema eingefallen, um abzulenken vom Flughafendesaster. Und da den Investoren ein Hochhaus nie fett genug sein kann, sprich: möglichst viel Nutzfläche auf der Etage, und den Politikern nie kurz genug, muss man sich dann über die plumpen, unansehnlichen Kisten, die überall in der Stadt herumstehen, nicht wundern. Beim Hochhaus ist eben alles Proportion – und letztlich Eleganz. Das ist ja das Problem an der nervösen Manipulation der Alexanderplatz-

Turmprojekte, etwas breiterer Grundriss, das Ganze nicht mehr rechtwinklig und der Turm gegenüber dem Block wieder und wieder verschoben – und schon hat man die Banalität am Hals. Die Beispiele sind Legion in Europa.

Ein Hochhaus verlangt architektonisches Empfinden über die städtebauliche Reflextion und das politische Kalkül hinaus. Deshalb geht auch die Stimmann'sche Idee, die Hochhäuser zu kürzen, in die falsche Richtung. Diese geraten dann zu plumpen Stummeln. Beim Hochhaus gewinnt die Architektur städtebauliche Brisanz, die Stadtsilhouette wird zum Thema und gar nicht im Sinne dieser barocken Merkzeichen- und Sichtachsen-Logik, nach der ein Turm sich nicht trauen darf, einen anderen zu verstellen, sondern im Sinne einer Parallaxen-Wahrnehmung, das heißt der scheinbaren Bewegung der Türme selbst, beim Durchwandern oder Durchfahren des Hochhausensembles. Am Potsdamer Platz ist das ansatzweise zu spüren. Wären die Türme dort nur höher!

Östlich des zerstörten Schlosses und zukünftigen Humboldtforums beginnt eine Terra incognita mit dem Roten Rathaus mittendrin, von dessen Balkon aus der Regierende Bürgermeister noch so verzweifelt seinen Unmut artikulieren kann über das, was er da sieht – es ändert sich nichts und schon gar nicht zum Besseren.

Dort ist ja seinerzeit auch Senatsbaudirektor Stimmann an seine Grenzen gestoßen. Unter seiner Ägide wurde hinter dem Roten Rathaus eine unsägliche aus einem Architekturwettbewerb hervorgegangene Hochgarage gebaut, und angesichts der allgegenwärtigen Plattenbaukraken hat man einfach resigniert. Bisher hat noch jeden Baustadtrat der Mut verlassen, hier etwas zum Guten wenden zu wollen.

Mit unnachahmlicher Arglosigkeit hat Berlins Senatsbaudirektorin Regula Lüscher jetzt festgestellt, dass »viele neue Gebäude dort realisiert werden sollen, wo bereits Häuser stehen«. Nur sind das keine Häuser, die da an der Alexanderstraße stehen, sondern endlose Platten und das Forum-Hotel mit seinem Klumpfuß. Wie soll ein Ort entstehen, an dem sich Menschen gerne aufhalten, wie es die Grünen-Fraktionschefin Kapek kürzlich gefordert hat, wenn man am monströsen Haus der Elektroindustrie festhalten will und an der Geschwulst um das ehemalige Forum-Hotel?

Heute, ein Vierteljahrhundert nach dem Fall der Mauer, schleicht die Politik immer noch um das historische Zentrum Berlins herum wie die Katze um den heißen Brei. Lieber werden IBAs 2020 inszeniert, auf dem Tempelhofer Feld etwa, wo nun wirklich kein Handlungsbedarf besteht. Dass Frau Lüscher dieser zähen Verweigerung nichts entgegenzusetzen hat – wen wundert's. Sie scheint ihr sogar eine gewisse Wertschätzung entgegenzubringen, sieht doch ihr damaliges Betätigungsfeld Zürich Nord und West inzwischen verblüffend ähnlich aus: »Prime-Site« im Gewand sozialistischer Serialität.

Am Alexanderplatz geht es nicht um die Höhe der Häuser, die immer wieder erregte Debatten auslöst, sondern um einen Städtebau, der dort, wo Menschen massenhaft zusammenkommen, als öffentlicher Raum erlebt werden kann, der zum Verweilen einlädt, wie das heute so schön heißt. Wir reden also über Straße und Platz, wir reden über Häuser, die ruhige Höfe schaffen und Blöcke bilden, die keine Barriere darstellen und zu Fuß bequem umrundet werden können. Und wir reden über einen Stadtraum, der nicht zum Konsum zwingt. Das Volk, das hier einmal demonstriert hat, will sich ja nicht nur im Kaufrausch verlieren, sondern auch im Genuss zueinanderfinden, wie Goethe das am Beispiel des Amphitheaters von Verona so eindrücklich bemerkt hat. Es will, wenn es sich so beisammen sieht, »über sich selbst erstaunen ... denn eigentlich ist so ein Amphitheater recht gemacht, dem Volk mit sich selbst zu imponieren ...« Und wer sich hineindenken kann in diesen Ort, in dieses Amphitheater Alexanderplatz, der wird sich in der Abendsonne bequem vor einem der Restaurants oder Cafés wiederfinden. Dazu muss er sich jedoch gleichsam anlehnen können an die Hausfront, die allein deshalb schon keine Glasfassade sein kann, in der sich der Platzraum, anstatt Halt zu bieten, verflüchtigt.

Wo haben wir in Berlin überhaupt einen repräsentativen Stadtraum außer dem Gendarmenmarkt – Pariser und Leipziger Platz gehören wohl eher in die Kategorie der Schmuckplätze, und vom ehemaligen

Belle-Alliance-Platz, dem heutigen Mehringplatz, darf man getrost schweigen –, der nicht gänzlich dem Shopping ausgeliefert ist? Mittlerweile hat ja auch der Breitscheidtplatz mit dem Bikinihaus und was sich dort gerade bis zu den Zoo-Elefanten entwickelt, seine mühsam über den Krieg gerettete Identität eingebüßt.

Wir deutschen Mustereuropäer, die wir den Nachbarn so gerne zeigen, wie's geht, wo ist unser großer öffentlicher Raum in der Hauptstadt? Haben wir überhaupt das Bedürfnis nach einem solchen Raum? Hier am Alexanderplatz fanden immerhin die Proteste statt, die die Mauer zum Einsturz gebracht haben. Wäre hier nicht der Ort, an dem unsere föderale Republik sich engagieren könnte, in hinreichender Entfernung zum ehemaligen Hohenzollernschloss? Womöglich darf man diesen Ort nicht einer zaudernden Berliner Politik überlassen. Denn was tatsächlich zur Debatte steht, ist zum einen das maßlose Verlangen nach Einzelhandelsfläche, zusammenhängend natürlich. Das heißt, die Blöcke sollen zu einem riesigen Klumpen vereinigt werden, einem Klumpen wie etwa das Alexa-Center. Damit entstünde, unter Beibehaltung des Forum-Hotel-Fußes und dessen geplanter Erweiterung, die wahrscheinlich größte zusammenhängende innerstädtische Shoppingfläche Deutschlands.

Dass dort niemand mehr wohnen oder auch nur arbeiten will, versteht sich von selbst. Denn dann sind wir am Alex bei Franz Biberkopf angekommen, an einem heruntergekommenen Ostzentrum. Und genau das wollte der Entwurf unseres Büros, der eine Balance zwischen Potsdamer Platz und Alexanderplatz anstrebte, vermeiden. Das Verlassen des Prinzips von Block und Turm unter monofunktionalem Druck stieße den Alexanderplatz für alle Ewigkeit in ein vulgäres Dasein, das in unserem Jahrhundert, mitten in einer europäischen Hauptstadt, unpassend ist.

Shoppingcenter dieser Größenordnung zerstören die Stadt, weil sie die Passanten von der Straße absaugen und fernhalten. Es sind Mausefallen. An der Straße sind dann Fluchtwegtüren, Lüftungsaggregate, Müllplätze, Tiefgaragenein- und -ausfahrten, Anlieferungs- und Entsorgungsrampen und dazwischen ein paar lustlos dekorierte Schaufenster. Ein städtisches Haus, und dazu gehören auch Kaufhäuser, sieht anders aus. Das KaDeWe oder auch der Kaufhof am Alex, das sind städtische Häuser. Es geht also. Und wenn amerikanische Großinvestoren mit dem dort möglichen Profit nicht zufrieden sind, muss man sie halt daran erinnern, dass wir hier in Berlin sind und nicht in Schanghai. Es zwingt sie ja keiner, sich hier einzukaufen!

Das klingt nicht gut in den Ohren potentieller Investoren am Alexanderplatz. Man möchte nicht wahrhaben, dass ein Shoppingcenter in Europa eben immer noch keinen öffentlichen Raum darstellt. Deshalb böte der Alexanderplatz sich vielleicht als Lackmustest an, um zu beweisen, dass in

Deutschland doch noch Stadtentwicklung möglich ist, die nicht ausschließlich dem Konsum dient und am Ende von einer Shopping- oder Entertainment-Firma betrieben wird, wie das inzwischen für den gesamten Potsdamer Platz gilt. Schließlich geht es doch um die Entfaltung einer Stadtstruktur, die nicht »betrieben« werden muss, weil sie im ganz ursprünglichen Sinne der Komplexität urbanen Zusammenlebens dient und öffentliche Räume schafft, die dem Stadtbürger ohne jeglichen Konsumdruck zur Verfügung stehen. Ein Luxus also, den wir uns noch leisten könnten, oder?

Darüber hinaus sind es die Nobel-Platten, insbesondere das sogenannte Haus der Elektroindustrie, die seit nahezu einem Vierteljahrhundert jede weitsichtige städtebauliche Veränderung blockieren und natürlich auch die Realisierung von Hochhäusern. Dieser Riegel schottet den Alexanderplatz demonstrativ gegen die nordöstliche Stadtstruktur ab, kappt sozusagen die Adern zu diesem bedeutendsten Entwicklungsgebiet im Zentrum der Hauptstadt. Daran kann auch die rührende malermäßige »Parzellierung« nichts ändern. Kein Wunder, dass hinter dem Riegel eine vernachlässigte Welt ohnegleichen ihr Dasein fristet, als nähme die Peripherie schon hier ihren Anfang, hier, wo es gilt, den Anschluss zu finden an die prosperierenden Quartiere Prenzlauer Berg und Friedrichshain.

Der Alex und sein Umfeld wird von sonderbaren Kräften, deren Anachronismus 25 Jahre nach dem

Fall der Mauer geradezu beängstigend ist, in seiner ganzen Schäbigkeit bis aufs Messer verteidigt. Könnte es sein, dass hier blanker Profitinstinkt, politische Verflechtung mit den Immobiliengesellschaften und DDR-Nostalgie zusammenwirken, um mit Verbissenheit liebgewonnenes Terrain, das letzte aus der DDR-Konkursmasse, zu verteidigen?

Begonnen hat dieser Prozess gleich nach der Wende, als man es versäumte, die Plattenbaukraken um den Alex abzureißen, und stattdessen begann, erst mit Pinselsanierung und dann mit öffentlich gefförderter Styroporverpackung, Substandardbüros einzurichten und Profit zu machen im großen Stil. Es gab vermutlich wenige Projekte nach der Wende, bei denen man mit so geringem Aufwand so viel Geld verdienen konnte wie mit den Schrottimmobilien an dieser exponierten Stelle. Wem gehören die eigentlich, und wer sitzt dort im Aufsichtsrat? Das wäre doch interessant zu wissen, wenn heute der Ruf laut wird, auf diese Ärgernisse im Stadtkörper und Barrieren im Stadtraum Rücksicht zu nehmen.

Jeder weiß es, und keiner traut sich, es auszusprechen: Die städtebauliche Blockade geht von den Megastrukturen der Plattenbauzeit aus, die gleich neben dem Roten Rathaus anfangen, sich gegenüber, an der Karl-Liebknecht-Straße, wiederholen als endlose Aneinanderreihung von Scheiben, die den Stadtraum zerschneiden und die radiale Straßenkonfiguration brutal kappen. Von »Architektur« kann hier keine Rede sein.

In einigen Jahren wird man diese Plattenbauten ohnehin entsorgen müssen, wenn nicht im historischen Zentrum slumartige Zustände herrschen sollen und wenn im Prenzlauer Berg, also den ehemaligen Spekulantenquartieren, die Miete unbezahlbar geworden ist. Warum also nicht die Substandardstrukturen beseitigen und den Menschen, die dort arbeiten und wohnen, zeitgemäß ausgestattete Räume zur Verfügung stellen in neuen Blockstrukturen oder auch Hochhäusern, die einer innerstädtischen Lage würdig sind und Adressen etablieren?

Das ist in unserem Wettbewerbsentwurf schon angelegt, ja unser Entwurf hat dem frühen Begehren gegengesteuert, indem parzellierte Blockstrukturen anstatt der endlosen Plattenbauriegel vorgeschlagen werden, so wie das um den Hackeschen Markt bereits ansatzweise praktiziert worden ist. Da ließe sich weitermachen. Es gilt eben gerade nicht, vor den Megastrukturen zu kapitulieren, sondern kleinteiliges Hauseigentum zu schaffen, und dies um den Alex herum! So könnte man innerstädtische Wohnquartiere errichten, die den Kontakt zu den erneuerten Stadtteilen Prenzlauer Berg und Friedrichshain suchen. Diese sollten in den Genuss öffentlicher Förderung kommen, anstatt weiter draußen wieder in die Trostlosigkeit des »sozialen« Wohnungsbaus zu verfallen, der sich bereits in Zeiten vor der IBA als ausgesprochen unsozial erwiesen hat. Wie kurz unser Gedächtnis doch ist!

Vielleicht sollte die öffentliche Förderung eine Eigentumsförderung sein, wie das in den Niederlanden seit Jahren vorexerziert wird, wenngleich das möglicherweise nicht ganz sozialdemokratischen Wahlkampfstrategien entspricht, denen die Abhängigkeit des Stimmbürgers von staatlicher Zuwendung nicht unsympathisch ist. Nicht zuletzt dieser Zusammenhang ist zu bedenken, wenn man die EZB-Umfrage-Ergebnisse zur europäischen Wohlstandsverteilung sprachlos zur Kenntnis nehmen muss. SPD-Senatoren haben ihre Wählerschaft seit jeher beglückt und bei der Stange gehalten, indem sie großzügig Sozialwohnungen verteilen. Sie haben damit aber auch die Verantwortung mitzutragen für die beschämende Eigentumsquote und die relative Armut der Deutschen im Europa des 21. Jahrhunderts.

Individueller Hausbau auf privater Parzelle anstatt einer Neuauflage des abgewirtschafteten Sozialbaus – das würde die Gesellschaft weniger belasten und das erfreulicherweise wiederaufkeimende stadtbürgerliche Engagement, das wir bei sogenannten Baugruppen-Projekten sehen, fördern. Berlin-typische Blockstrukturen könnten die Verbindung zur Karl-Marx-Allee herstellen, und schließlich wäre man auch in der Lage, am ehemaligen Marx-Engels-Forum nicht nur einen Ententeich vorzusehen, wie das aus Frau Lüschers Ideenwettbewerb hervorgegangen ist, sondern ein kleinteiliges, gleichwohl aber großstädtisches Stadtquartier zu realisieren.

Worum geht es nun beim für den Alexanderplatz geplanten Hines-Block? Ein Hochhaus ist zunächst ein ganz normales Haus. Wenn es gut proportioniert ist und mit einer gewissen Eleganz aus dem Sockel aufsteigt, sich vielleicht sogar spielerisch in den Himmel verflüchtigt, darf man dieses Haus Skyscraper nennen: einen Turm, der am Himmel kratzt. Von Hines hört man, diese Dreißiger-Jahre-Hochhäuser, die der Kollhoff da im Sinn hat, seien nicht zeitgemäß. Deshalb sucht man sich anscheinend mit einem Wettbewerb aus der Affäre zu ziehen, der die Intention des Bebauungsplanes, welcher auf unserem Wettbewerbsentwurf beruht, hinter sich lässt. Offenbar ist eines dieser Hochhäuser gewollt, wie sie in Deutschland und Europa zur Genüge herumstehen – ein Kompromiss aus Investorenvorgabe (möglichst dick) und Konsensfähigkeit (möglichst niedrig), kurzum: ein Klotz im Stadtraum als verkörperte Konfliktscheu.

Hinzu kommt, dass den Investoren der Sockel zu sperrig erscheint, geht es doch um Maximierung der Einzelhandelsflächen primär im Erdgeschoss, vielleicht auch noch im ersten Obergeschoss, denn schon im Untergeschoss geht nur noch »Food«. Darüber Büros? Viel zu kompliziert. Wohnen geht verständlicherweise überhaupt nicht. Am besten also nur zwei Geschosse über der Erde – oder eben ein Shopping Center. Es muss nicht betont werden, dass aus solchem Stoff keine Stadt entsteht. Das ist etwas für den Autobahnzubringer, von dem auch die Glaskiste, an deren Seite ein Wohnhochhaus entstehen soll, auf wundersame Weise den Weg hierher gefunden hat.

Gleich nach der Festsetzung des Bebauungsplanes ging es schon los mit der Turmverschieberei, so lange, bis dieser an der Nordseite zu stehen kam und unabhängig vom Sockel realisierbar erschien. Warum auch nicht? Bedauerlich ist nur, dass dieser Block, seinem Material und seiner billigen Machart geschuldet, sich auf alle Zeit als ungeeignet erweisen wird, im Verein mit anderen Häusern einen innerstädtischen Platzraum zu bilden.

Nun könnte man sagen: »Wir bauen halt ein anständiges Wohnhochhaus neben den Sockel, der ja ohnehin in spätestens zwanzig Jahren abgeschrieben sein wird.« Das wäre eine brauchbare Hypothese für den geplanten Wettbewerb, vorausgesetzt, der Turm wird entsprechend den im B-Plan festgesetzten Proportionen auf orthogonalem Grundriss am vorgesehenen Ort realisiert. Es geht ja hier nicht um eine Skulptur, die man auf der grünen Wiese hin- und herbewegen kann, sondern um eine Hochhauskonfiguration, die den Alexanderplatz als öffentlichen Raum in der Stadtsilhouette aufscheinen lässt.

Hochhäuser sind etwas für Zeiten des Überschusses, des Übermuts. Hochhäuser sind nichts für zugenähte Geldbeutel. Je höher man hinauswill, desto besser muss man bauen. Die Wende war ein Moment für Hochhäuser. Ein solcher Moment wird sich nicht so schnell wiederholen. Also wartet man auf bessere Zeiten. Oder man begreift, welche Bedeutung dieser Ort mitten in der Stadt hat. Und vielleicht ließe sich dann den Bauherren, die dort profitabel investieren wollen, die entsprechende architektonische und bauliche Qualität abringen, mit öffentlicher Unterstützung im Hauptstadtinteresse.

Fazit: Anstatt nun überstürzt den großen Atem des Bebauungsplanes, der ja schon die Wogen der Berliner Mutlosigkeit passiert hat, aufzugeben, wäre es angezeigt, ihn zu komplettieren und eine nachhaltige Strategie zu entwickeln, die diese nicht nur für die Senatsverwaltung beschämende Situation endlich zum guten Ende, nämlich dem großen öffentlichen Stadtplatz im Zentrum Berlins, führt. Dass man hier nicht die Hände in den Schoß legen und auf Investoren warten darf, weiß man inzwischen. Hier muss die Senatsbaudirektion, wenn sie denn bereit und in der Lage dazu ist, die Ärmel hochkrempeln, um zu zeigen, dass sie sich nicht auf Nebenkriegsschauplätzen und, gemessen am Alexanderplatz und am ehemaligen Marx-Engels-Forum, eher esoterischen Veranstaltungen tummeln kann.

Und erst dann wird das Wohnhochhaus-Projekt, das hier bald in den Himmel wachsen soll, möglicherweise die Initialzündung für eine Entwicklung am Alexanderplatz sein, die diesem Ort angemessen ist und nicht nur von den Berlinern herbeigesehnt wird.

# *Cittadini!*

MAN hat mich gebeten, etwas über mein Metier zu sagen, das Metier des Architekten. Ich könnte jetzt folgendermaßen anfangen: Architekten entwerfen Häuser, die nach Vitruv nützlich, haltbar und schön sind und die sich im Gegensatz zu bloßen Bauten durch einen künstlerischen Anspruch auszeichnen. Häuser können frei in der Landschaft stehen oder entlang einer Straße. Zum Zentrum des Dorfes oder der Stadt hin werden die Abstände zwischen ihnen immer kleiner, der Stadtraum wirkt zunehmend geschlossener, bis sich die Häuser schließlich berühren oder besser: aneinanderpressen und nur noch mit ihrer Front in Erscheinung treten. Diese Front ist im städtischen Kontext das eigentliche Tätigkeitsfeld des Architekten, denn hier, auf der Fassade, findet das subtile Spiel zwischen privaten und öffentlichen Interessen statt, hier zeigt sich der Charakter des Stadtbürgers, seine Individualität, aber auch seine Bereitschaft, sich in den Dienst des Gemeinwesens zu stellen. Auf diese Weise ist der Typus der europäischen Stadt in seinen vielfältigsten Ausprägungen entstanden, von Pompeji bis Manhattan, um nur zwei geographisch, gesellschaftlich und chronologisch weit auseinander liegende Extreme zu nennen.

Wenn ich dann noch hinzufügen würde, dass ein solches Haus, das einerseits seinen Bauherrn oder Eigentümer repräsentiert und andererseits zusammen mit seinesgleichen den öffentlichen Raum bildet und damit das Gemeinwesen zur Darstellung bringt, ein Ganzes zu sein habe – das in anthropomorpher Analogie gegliedert ist, nicht gehäuft –, eben weil wir als Menschen Artefakte wahrnehmen, indem wir uns in sie hineinversetzen, dann hätte ich mein Metier recht umfassend beschrieben. Der Rest ist Konstruktion, die technische Seite der Herstellung eines gegliederten Ganzen, die zusammen mit der (ästhetischen) Erscheinung herkömmlicherweise in einen Begriff gefasst wurde, der Tektonik, die, wie bereits erwähnt, etymologisch enthalten ist in der »Architektur«.

Wir schauen aus dem Fenster, hier in Rom oder auch in anderen italienischen Stadtzentren, und sagen, ja, das ist so. Doch was ich Ihnen soeben erzählt habe, ist ein Märchen: Nichts ist mehr so. Dieses Metier gibt es nicht mehr, solche Häuser werden nicht mehr gebaut, und solche Städte entstehen schon lange nicht mehr. Aber in dieser surrealen Welt der italienischen *centri storici* – de Chirico hat mit seiner *Pittura Metafisica* als einer der ersten dieser märchenhaften Welt zum Ausdruck verholfen – lebt es sich sehr gut, und auch auf zivilisatorische Errungenschaften muss hier keiner verzichten.

Was wir heute bauen, dem Metier entfremdet, den Hausbau verlernt und den Stadtbau vergessen habend, steht draußen, jenseits der von der Sovrintendenza bewachten Demarkationslinie des *centro storico*, das es in anderen europäischen Ländern, in entschärfter Form freilich, ebenso gibt. Wir zeitgenössischen Architekten kümmern uns um die weite Welt außerhalb der Stadtstrukturen, die man vor uns schützt. Dort dilettieren wir vor uns hin, denn auch was die Tektonik einmal zusammengehalten hat, Struktur und Erscheinung, driftet in disparate Sphären auseinander, einerseits einem unüberschaubaren Baumarkt mit seiner Normierungswut ausgeliefert, andererseits als unverzichtbares Marketinginstrument des globalen Massenkonsums permanent um Aufmerksamkeit ringend.

Ich möchte an dieser Stelle darauf verzichten, den inhärenten Wahnsinn, dem die Tätigkeit des Architekten heute ausgeliefert ist, bis ins Detail zu beschreiben. Stattdessen möchte ich von einer Lektüre berichten, die mich seit geraumer Zeit gefangengenommen hat: »Über die Demokratie in Amerika« von Alexis de Tocqueville, 2. Band, 1840 veröffentlicht. Die visionäre Kraft von Tocquevilles Analyse verschlägt uns heute, mitten in einer globalen Finanzkrise, den Atem. Am 2. April 1831 kommt Tocqueville, siebenundzwanzigjährig, in New York an: »(Ich) bemerkte überrascht in einiger Entfernung von der Stadt längs des Ufers eine Anzahl kleiner Marmorpaläste, von denen mehrere eine antike Bauart aufwiesen: als ich am andern Tage den, der tags zuvor meine Blicke besonders angezogen hatte, näher betrachten ging, stellte ich fest, dass seine Mauern aus weißen Backsteinen und seine Säulen aus bemaltem Holz bestanden. So war es bei allen Bauwerken, die ich am Vorabend bewundert hatte.«[1]

Da man in einer demokratischen Gesellschaftsform nicht mehr auf das Große zielen könne, suche man das Gefällige und Hübsche, resümiert Tocqueville, man gehe eher auf den Schein als auf das Echte aus – hier ließe sich trefflich ein Exkurs über das Scheinhafte in der Architektur einfügen und ob dies nicht ihrem Wesen recht eigentlich entspricht –, und selbst die Kunst des schönen Scheins erlebe in der Demokratie einen Niedergang, der sich vor dem Hintergrund des alten Handwerks besonders deutlich nachvollziehen lasse. In aristokratischen Epochen sei es immer zugleich um das Ansehen der Handwerkszunft und die persönliche Ehre des Handwerkers gegangen: »Im aristokratischen Zeitalter ist das Handwerk bemüht, möglichst gut und nicht möglichst schnell oder billig zu arbeiten.«[2] Die Handwerker schauten sich gegenseitig auf die Hände, eine überaus effiziente Qualitätskontrolle, und der Gewinn, den sie erwarten durften, hing hauptsächlich von der Vollkommenheit ihrer Arbeit ab. Dabei machte die kleine Schicht der Aristokratie

1 Alexis de Tocqueville, Über die Demokratie in Amerika, 2. Band, Ditzingen 1986.

2 Ebenda.

ihre Vorliebe für das gut Gearbeitete und Dauerhafte auch für die übrige Gesellschaft verbindlich. Selbst einfache Leute hätten damals, so Tocqueville, das Gediegene vorgezogen, das Persönliche habe hier einen allgemeinen, unpersönlichen Standard hervorgebracht.

Die Dominanz mittlerer Vermögen führe in der Demokratie zu einem kontinuierlichen sozialen Auf- und Abstieg der Menschen, was ein verzweifeltes Bemühen zur Folge habe, »die Kluft zwischen den Bedürfnissen und den Möglichkeiten ihrer Befriedigung zu schließen«. Auf diese Weise sei der Verbraucher entstanden, »dieser neue Gott«, dessen Wünschen die Handwerker nachkämen, indem sie auf Kosten der Qualität einen entsprechend größeren Kreis von Abnehmern für weniger Geld zu befriedigen suchten. »So drängt die Demokratie den menschlichen Geist nicht nur zu den nützlichen Künsten hin, sie veranlasst die Handwerker, sehr rasch viele unvollkommene Dinge herzustellen, und den Verbraucher, sich mit diesen Dingen zu begnügen.«[3]

Um verständlich zu machen, was in diesem Prozess auf der Strecke geblieben war, wählte Tocqueville ein altmodisches Wort: das »Wunderbare«. Zur aristokratischen Gesellschaft gehöre das staunenerregende Wunderbare, das hohe Ansprüche an Perfektion stelle, während demokratische Gesell-

---

3 Ebenda.

schaften sich auf das Neue kaprizierten. In demokratischen Epochen trete an die Stelle unzweifelhafter Qualität der Versuch, den Produkten einen Anschein von Qualität zu geben, die sie nicht haben.

Kürzlich hatte ich das Vergnügen, in Venedig an einer Veranstaltung teilzunehmen, der es um sogenannte Public-pivate-Partnership ging im Hinblick auf die Restaurierung denkmalgeschützter Palazzi zwecks Herrichtung für den zeitgenössischen Bedarf. Maßgeblich beteiligt an der Veranstaltung war die Fondazione Prada, die mir schon beim Einchecken im Hotel ihren Katalog »The Small Utopia Ars Multiplicata«, einer permanenten Ausstellung des frisch renovierten Palazzo Ca' Corner della Regina, zukommen ließ. Mir erschien das wie die letzte Bestätigung der Thesen Tocquevilles und der Vereinnahmung europäischer Kultur durch Prinzipien der amerikanischen Demokratie und ihrer kritiklosen Hingabe an den Massenkonsum.

Mit Hilfe einer über alle Zweifel erhabenen europäischen Kultur, des venezianischen Palazzo Ca' Corner sowie des zweifelhaften Kunstanspruchs einer Multiple-Sammlung werden die in China gefertigten Billigprodukte per Durchlauferhitzer nobilitiert und mit der Aura des Luxusproduktes versehen, das wiederum der Sehnsucht vorwiegend chinesischer Massenkonsumenten entspricht.

»Il titolo della mostra«, heißt es treuherzig im Katalog: »fa riferimento al sogno, trasmesso dalle avanguardie storiche agli artisti di oggi, di arrivare alla diffusione democratica (!) dell'arte, praticando una moltiplicazione dell'oggetto d'arte per favorire una sua diversa fruzione estetica e sociale.« Und weiter: »... perché gli artisti si sono appropriati delle tecniche di produzione e di commercializzazione tipiche della società di consumo (!). Una contaminazione tra aspirazione democratica e business che anticipa la messa in circolazione dei gadgets d'arte, ora attuata anche dalle istituzioni museali.«

In einer demokratischen Gesellschaft, so Tocqueville, werde die Individualität künftig von Kunst und Literatur getragen, deren Gegenstand der sich selbst überlassene Mensch ist, nachdem »die Skepsis den Himmel entvölkerte«. Dieser ins Extreme gesteigerte Individualismus, obwohl demokratischen Ursprungs, werde einen unumkehrbaren und endgültigen Bruch mit der Vergangenheit hervorrufen: »Nicht mehr einer verpflichtenden Vergangenheit werden Opfer gebracht werden, sondern allenfalls noch einer vorgespiegelten Glückseligkeit, die irgendwann in der Zukunft sich verwirklichen solle.« In der demokratischen Gesellschaft übernehme also die Zukunft die Rolle, die die Vergangenheit gespielt hat.

In der »Frankfurter Allgemeine Zeitung« erschien ein Interview mit dem französischen Philosophen Bernard-Henri Lévy, das unter die Haut ging. Lévys Einlassungen gipfelten in der Aussage: »... dass es um die Seele Europas, die wir so sehr brauchen, noch nie so schlecht bestellt war wie heute.« Er hoffe, wir seien in der Lage, diese leidende Seele Europas zu retten, um nicht Michel Houellebecq recht geben zu müssen, der behaupte, »die Zukunft Europas werde darin bestehen, als Vergnügungspark und Bordell für asiatische Touristen zu fungieren«. Levy hält es für ein »beängstigendes Zeichen, dass sich unter den Ländern, die am schlimmsten von der Krise betroffen sind, gerade jene – Griechenland, Italien – befinden, die einst die Wiege der europäischen Zivilisation waren«.[4]

Nun sollte man nicht unbedingt wie Jacob Burckhardt aus dem unvermeidlichen Prozess der Demokratisierung der modernen Gesellschaft den Schluss ziehen, er markiere das Ende einer wirklich humanen Welt. Aber muss unsere europäische Auffassung von Demokratie der amerikanischen sklavisch folgen? Ich meine, nein. Und das sage ich als Architekt, denn wir sind seit geraumer Zeit dabei, unser Europa zu beschädigen – architektonisch, wenn man das noch so bezeichnen darf. Denn längst ist das, was wir veranstalten, im wesentlichen PR-Spektakel, Design im Interesse des Massenkonsums. Unsere Kreativität soll den Ramsch zum Luxusprodukt machen. Zu lange haben wir Europäer kritiklos übernommen, dass es dies sei, was den Kapitalismus und die Demokratie ausmache.

---

4 Interview mit Bernard-Henri Lévy in: Frankfurter Allgemeine Zeitung vom 20. November 2012.

Gerade Deutschland hat sich mittlerweile fast gänzlich die ursprünglich amerikanische Denkweise nach Effizienzgesichtspunkten, Ratings, Wachstum um jeden Preis zu eigen gemacht. Das trifft auch auf Oberitalien und Mailand zu: Die Berlusconi-Republik war doch nichts anderes, als stets das Beste für sich persönlich aus den Verhältnissen, so schäbig sie auch sein mögen, herauszuschlagen. Florenz ist anders. Da scheint es noch eine Balance zu geben zwischen gutem Leben und Kapitalismus. Und auch Verona, Padua, Mantua, Bologna, Parma, Modena, um nur einige italienische Städte zu nennen, die auf atemraubende Weise ganz in unserer Zeit stehen und auf ein überliefertes Anspruchsniveau nicht verzichten mögen.

Und nun komme ich, beinahe hätte ich das aus dem Blick verloren, zur Architektur zurück. Was wird die Architektur eines selbstbewussten Europa, das beileibe nicht utopisch ist, sein? Es wird keine Globalisierungs-Entertainment-Marketing-Architektur sein und auch kein zeitgenössischer Rationalismus, der immer noch glaubt, mittels Abstraktion bestehen zu können. Vielmehr wird es eine Architektur des Weiterbauens an der europäischen Stadt sein, die sich modernistischen Stereotypen des Neuen, Visionären, Genialen widersetzt, eines Weiterbauens im Vertrauen auf ein neues Bürgertum, das sich wieder überall bemerkbar zu machen beginnt. Es gibt im Italienischen ein Wort, wofür die deutsche Sprache keine Entsprechung kennt:

*cittadino*. Damit ist der Stadtbürger gemeint, eben nicht einfach der Bürger, der im *borgo* wohnt, geborgen, sondern einer, der diese wohlbehütete Existenz nicht nur als Städter führt, sondern zugleich mit einem gesellschaftlichen Anspruch verbindet. »Cittadini!« steht auf öffentlichen Plakaten, die sich an eben diese Vertreter einer lebendigen urbanen Kultur richten.

Bisher habe ich die Entwicklung der europäischen Stadt nahezu ausschließlich einer bürgerlichen Potenz zugeschrieben. Aber es scheint etwas hinzukommen zu müssen, etwas Unverzichtbares: das Aristokratische als Haltung. Das ist etwas anderes als die unheilige Allianz von Political Correctness und skrupellosem Wirtschaftsgebaren. Aristokratie, wie ich sie in diesem Sinne meine, ist weder eine Frage der Geburt noch des Geldes. Aristokratisch ist, wer die Minderwertigkeit des Massenkonsums verabscheut und sich weigert, »Verbraucher« zu sein. Die aristokratische Haltung meines Großvaters, der nur ein einfacher Landwirt war, habe ich immer bewundert.

# *Nachweise*

DIE hier versammelten Essays beruhen auf Beiträgen, die in verschiedenen Zeitschriften erschienen sind, und auf Vorträgen. Sämtliche Texte sind für diesen Band überarbeitet und aktualisiert worden.

Vorwort, Hausbau statt PR-Spektakel, in: Rotary Magazin 9/2011.

Die Stadt ist kein Mangelwesen, Vortrag »Haus und Stadt« im Rahmen des »Denksalons 2011 – revitalisierender Städtebau – die ungleiche Stadt«, Kongress der TU Dresden in Görlitz, 17./18. Juni 2011.

»Wir und Ich«. Zur architektonischen Autorschaft, Abschiedsvorlesung an der ETH Zürich, 2. Mai 2012.

Wie wir unsere Städte ruiniert haben, in: Cicero, Magazin für politische Kultur, Nr. 2, Februar 2012.

Was ist zeitgemäßes Bauen?, in: Frankfurter Allgemeine Zeitung vom 12. Mai 2011.

Beflissene Arroganz, in: Süddeutsche Zeitung vom 9. April 2013.

Stolz – eine urbane Tugend, in: ETH-Magazin TRANS 22, März 2013.

Sehn Se, det is Berlin!, eine Kurzfassung dieses Textes unter dem Titel »Berlins Herz ist zu schade für Ostalgie« ist erschienen in: Frankfurter Allgemeine Zeitung vom 5. Juni 2013.

Cittadini!, in: Domus 975, Dezember 2013. Vortrag, gehalten im Rahmen der Konferenz »A regola d'arte« in Rom am 30. November 2012.

Zweite Auflage 2025, 2020
zu Klampen Verlag
Röse 21 · D-31832 Springe
info@zuklampen.de · www.zuklampen.de



Reihenentwurf: Martin Z. Schröder, Berlin
Satz: textformart, Göttingen
Gesetzt aus Baskerville Ten
Druck: CPI – Clausen & Bosse
Birkstr. 10 · 25917 Leck

ISBN 978-3-86674-792-0

Bibliographische Information der
Deutschen Nationalbibliothek:
Die Deutsche Nationalbibliothek
verzeichnet diese Publikation in der
Deutschen Nationalbibliographie;
detaillierte bibliographische Daten
sind im Internet abrufbar:
http://dnb.d-nb.de